Hitler war kein Betriebsunfall

Emil Carlebach

Hitler war kein Betriebsunfall

Hinter den Kulissen der Weimarer Republik: Die vorprogrammierte Diktatur

Röderberg-Verlag Frankfurt am Main

ISBN 3-87682-761-2

Dritte Auflage 1983

Schumannstraße 56 · 6000 Frankfurt am Main 1
Gesamtherstellung: Plambeck & Co
Druck und Verlag GmbH · 4040 Neuss

Inhalt

Wolfgang Abendroth

Geschichtslegenden überwinden

Kurz nach dem Ende des Dritten Reiches, nach der Kapitulation seiner bewaffneten Macht vor der Koalition der Sieger, begann die Rückkehr seiner früheren Träger in die wirtschaftlichen, gesellschaftlichen und staatlichen Schlüsselpositionen der drei westlichen Besatzungszonen. Deren Länder wurden 1949 zur Bundesrepublik Deutschland zusammengeschlossen. Die Richter und Staatsanwälte, die Lehrer und Professoren, die Verwaltungsbeamten – sie alle waren bald wieder im Amt, nachdem diejenigen, die in der NSDAP gewesen waren, durch „Persilscheine" „entnazifiziert" worden waren. Nur ein kleiner Teil der höchsten Spitzen des alten Regimes blieb draußen. Die Unternehmer, die gesamte „Wirtschaft" sind niemals enteignet worden. Lediglich ein Teil ihrer Konzerne (und deren Spitzen) waren wenige Jahre durch „Entflechtungsmaßnahmen" behindert.

Aber auch deren Macht war schnell wieder hergestellt. Kein Wunder, daß alle diese sozialen Gruppen, nachdem im System Adenauers die volle – schließlich auch militärische – Restauration der alten Gesellschaft gelungen war, und – dank der Öffnung der Weltmärkte für die Bundesrepublik durch den Korea-Konflikt – als Konsequenz eines ökonomischen Aufschwungs die Akklamation der Bevölkerung für ihr angeblich neues, in Wirklichkeit aber, ach, so altes System der „sozialen Marktwirtschaft" erhalten hatte, auch die Vorstellungswelt, die in Westdeutschland herrschte, dieser Situation anpassen wollten.

1945 war es – wie ein Blick in die Publikationen dieser Zeit leicht belegt – doch jedermann, der sich öffentlich äußerte, bewußt, wie es zum Dritten Reich gekommen war, und welche gesellschaftlichen und politischen Kräfte die Zerstörung der Weimarer Verfassung und zuletzt den Sieg des Faschismus herbeigeführt haben; wer nach 1933 vor Hitler kapituliert und dann mit ihm paktiert hatte. Die Ungeheuerlichkeit der Verbrechen des nationalsozialistischen Machtsystems konnte (und kann) ohnedies – schon aus außenpolitischen Gründen – niemand mehr leugnen, der ernstgenommen werden will. Das wurde aber nach dem Beginn des Kalten Krieges und bereits bei den ersten Anzeichen dazu mit einem Schlage anders.

Jetzt hieß der Hauptfeind wieder „Kommunismus", wie das seit der Ermordung Rosa Luxemburgs und Karl Liebknechts schon in der Weimarer Periode eingeübt worden war, um dann im Antisowjetismus des Dritten Reiches extrem übersteigert zu werden.

An dessen Ideologen und Propagandisten konnte mit der Konstituierung der BRD unmittelbar (zum Teil auch dem Personalbestand der Ministerien des Auswärtigen Amtes und des Propagandaministeriums Goebbels' nach) angeknüpft werden. Die gleichen Professoren der Sozialwissenschaften und der Geschiche konnten dieser neuen „herrschenden Auffassung" wieder Munition liefern, die das auch vor 1945 getan haben. In der ersten Stufe kam es ihnen nun darauf an, Faschisten und Kommunisten als „Totalitaristen" gleichzusetzen: in der nächsten, ihnen gemeinsam die Schuld am Untergang der Weimarer Verfassung zuzuschreiben, um die Weltwirtschaftskrise und deren Folgen für die Änderung der Politik zuerst der Konzerne und Großbanken, dann auch der bürgerlichen, ach, so „demokratischen" politischen Parteien aus dem Gedächtnis zu verdrängen, die Notverordnungsregime Brünings und Papens und die systematische Liquidierung der demokratischen Rechte des arbeitenden Volkes (ohne die der Aufstieg der NSDAP zur Massenpartei und am Ende der 30. Januar 1933 nicht denkbar gewesen wäre) vergessen zu machen.

Denn nur auf diese Weise konnte die Gruppe von Politikern, die seit deren Konstituierung die Regierung der Bundesrepublik beherrschte, ihr gutes Gewissen wiedergewinnen und konnten die ökonomischen und administrativen Führungsschichten dieses – damals noch jungen – Staates ihr Ansehen wieder herstellen; und verstecken, wer denn in Wirklichkeit vom ersten Tage des Faschismus an den Widerstandskampf gegen ein Regime geführt hatte, das die Welt in die Katastrophe des Zweiten Weltkrieges und des staatlich organisierten Massenmordes geführt hat.

So war es keineswegs zufällig, daß jene Legendenwelt entstand, die seit dem Beginn der 50er Jahre die wissenschaftliche Literatur und die Schulbücher der Bundesrepublik beherrscht hat und sie immer noch weithin bestimmt. Die Professoren, die diese Schablonen ausgearbeitet haben, die Lehrer, die für die großen Schulbuchverlage schrieben – sie waren zum großen Teil auch im Dritten Reich „im Dienst" gewesen. Und selbst wenn sie – wie z. B. Hans Rothfels oder Hans Herzfeld – dann „nur" aus „rassischen" Gründen verdrängt wurden oder emigriert waren, hatten sie vorher den Traditionen antidemokratischen Denkens Vorschub geleistet, die zuletzt zum Ende der Republik geführt hatten. Sie mußten also ihre eigenen Entschuldigungen ausarbeiten, wenn sie nicht die geistige und moralische Kraft hatten, sich selbst anzuklagen. Und diese Kraft haben in allen Perioden der Geschichte nur sehr wenige gehabt.

So wurden sie die natürlichen Instrukteure der Denkmuster, wie sie jetzt erwünscht waren. Sie konnten ungestört die nächste Generation an den Universitäten ausbilden, die dann – in den Aufstiegsjahren der BRD – solche Fehlleistungen (gelegentlich, wie etwa Bracher, etwas differenzierter, aber in den Grundfragen unverändert) weitertrug.

Heute haben wir wieder unter dem Vorzeichen einer neuen Weltwirtschaftskrise, die tagtäglich zwar sicher nicht die gleichen, aber ähnliche Irrationalitäten und Gewaltakte einer herrschenden Klasse – des Monopolkapitals nämlich – und seiner Bündnisschichten in Staatsapparat und

Politik produzieren kann, eine Konstellation, wie sie damals – vor fünfzig Jahren – nicht nur Deutschland, sondern die Welt ins Unglück geführt hat.

Die Klasse, die damals, weil sie in der Abwehr dessen, was dann kam, nicht einig handeln lernte, und ihre Verbündeten – alle, die Demokratie und Frieden erhalten wollen – können abermals nur dann das deutsche Volk und die Menschheit retten, wenn sie gemeinsam erkennen, wie solche Prozesse verlaufen, und was man vorher tun kann, um Katastrophen schon in ihrer Vorbereitung abzuwehren. Dazu aber ist es notwendig, den wirklichen Verlauf der Geschichte zu begreifen, und die Legendenwelt zu zerstören, die immer noch die „öffentliche Meinung" weithin beherrscht.

Das ist möglich, wenn man die Tatsachen offen darlegt, und sie der in Buch, Presse, Rundfunk und Fernsehen vorherrschenden Schein-Aufbereitung der Geschichte entgegenstellt. Dazu muß man die wirklichen Quellen den Illusionen über die Quellen entgegenstellen. Dann werden auch die Gesetzmäßigkeiten deutlich, die sich in diesen Quellen zeigen.

Daß dieser Weg beschreitbar ist, schon, weil in den letzten Jahrzehnten viele derer, die damals an der Spitze standen, ihre Erinnerungen geschrieben und dabei häufig ihre damaligen Absichten und Ziele relativ offen benannt haben, weil sie in der neuen Illusion der gesicherten Ökonomie der Restaurationsperiode glaubten, sich das gleichsam leisten zu können, hat Emil Carlebach in diesem kleinen Band bewiesen. Er wertet viele Bücher dieser Art aus, zitiert sie immer wieder wörtlich, und ersetzt dadurch für den „normalen" Leser (natürlich nicht für den, der wissenschaftlich als Spezialist weiterarbeiten und dabei weitere Differenzierungen aufdecken will) fast eine ganze Bibliothek. Die meisten dieser Publikationen, auf die sich der Autor beruft (und deren wesentlichste Stellen er wörtlich widergibt), sind von den damals entscheidenden Akteuren geschrieben. Und in sehr vielen Fällen von solchen, die aus dem Verlauf der Ereignisse nichts (oder doch kaum etwas) gelernt haben.

Umso mehr sollte der Leser daraus lernen. Demokratische Rechte und der Lebensstandard der abhängig Arbeitenden können in der schweren ökonomischen Krise einer Wirtschaftsordnung, wie sie damals wie heute das Dasein der Menschen bestimmt, nur dann geschützt werden und überdauern, wenn alle gemeinsam dafür zu kämpfen bereit sind, und sich – welche politische Meinung und Weltanschauung sie auch immer im übrigen haben mögen – zu gemeinsamer Aktion zusammenfinden.

Damals hätte dieser gemeinsame Kampf uns alle vor vielen Katastrophen bewahrt. Heute könnte gemeinsames Handeln den Absturz in neues Elend und den atomaren Selbstmord abwenden.

Frankfurt am Main, im Mai 1982 **Wolfgang Abendroth**

Terroristen unter Staatsschutz

1932 – mehr als 6 Millionen Arbeitslose im Deutschen Reich:

> „Hatte der Vater Arbeit, sah er mißmutig auf die Kinder, wenn sie daheimblieben, während er zur Fabrik mußte. Waren Vater und Kinder arbeitslos, gab es oft Streit untereinander. Durch diese Verhältnisse wurde so mancher Junge der hitlerischen SA zugetrieben. Lieber kaserniert in irgend einem braunen Haus, als das Elend daheim noch mit zu ertragen." (Otto Buchwitz, 50 Jahre Funktionär der Deutschen Arbeiterbewegung, Stuttgart 1949).

Kaserniert – denn die Hitlerpartei hatte mit den Geldern, über die sie reichlich verfügte, leerstehende Fabriken gepachtet und dort ihre uniformierte Bürgerkriegsarmee, die SA einquartiert. Quartier, Uniform, Stiefel, Verpflegung und Bewaffnung wurden gratis gestellt. Das Ergebnis:

> „86 Tote im Juli 1932... Vom 1. bis 10. August: noch fünf Todesfälle, ein Nationalsozialist und vier andere. Am 1. August in Königsberg: Attentat auf den Regierungspräsidenten, auf den Stadtverordneten Sauff, der dabei ums Leben kommt, zwei Kommunisten und zwei SPD-Führer schwer verletzt, Brandbomben gegen drei Zeitungen geworfen. Am 2. August: Bombenanschläge in zehn verschiedenen Orten Holsteins, Revolveranschlag in Marienburg, Handgranaten auf das Volkshaus in Liegnitz, Revolverschüsse auf das Landratsamt in Goldberg. Am 3. August: Gemeindevorsteher in Norgau erschossen, Bombenanschlag gegen die Synagoge in Kiel, ein Nationalsozialist in Kreuzberg erschossen. Am 4. August: zwei Polizeibeamte in Gleiwitz beschossen, Brandbomben in Ortelsburg auf ein Kaufhaus, in Kreis Lapiau auf ein Grundbuchamt. Am 5. August: Bombenattentat auf die Reichsbanknebenstelle Lötzen. Am 6. August: Handgranaten gegen eine Apotheke in Lyck, Revolverschüsse gegen ein Kommunistenhaus in Tilsit, Handgranatenanschläge in Breslau, Gleiwitz und Ratibor, Bombenanschläge und Revolveranschläge in Kiel, Sprengstoffattentat in Braunschweig. Am 7. August: Reichsbannerführer in Lötzen niedergeschossen, Eierhandgranaten in Ratibor gegen Zentrumszeitung und Ortskrankenkasse, in Schlesien allein 13 Attentate. Am 9. August: über 20 neue Handgranaten-, Bomben- und Revolveranschläge in Schlesien, Oberschlesien und Ostpreußen. Zwei Tote in Schlesien, Attentat in Stettin gegen ein Zeitungshaus. Ein Reichsbannermann im Kreise Leobschütz ermordet aufgefunden". (Vortrag des Ministerialdirektors Dr. Brecht vor dem Staatsgerichtshof des Deutschen Reiches am 10. Oktober 1932, zitiert nach dem Protokoll „Preußen contra Reich", Berlin 1933, Seite 16/17).

Das alles war nicht zufällig:

„Der Kanzler Brüning --- glaubte, das Ausland von der Unhaltbarkeit der Reparationen dadurch überzeugen zu können, daß er in der Weltwirtschaftskrise die Not des deutschen Volkes auf die Spitze trieb. So wurden die Unterstützungen der Erwerbslosen, die Leistungen der Sozialversicherungen, die Renten der Kriegsopfer rücksichtslos gekürzt, zur Deckung des in der Krise erhöhten Staatsbedarfs aber die Verbrauchs- und Kopfsteuern unbarmherzig erhöht... Die mit jeder Notverordnung steigende Not erzeugte nur wachsende Erbitterung." (Wilhelm Hoegner, „Flucht vor Hitler", München 1977, Seite 19).

Brüning selbst bestätigt dies. In seiner ersten Geheimverhandlung mit Hitler im Oktober 1930 hat er diesem vorgeschlagen:

„Deutschland als erstes Land so zu rüsten, daß es jeden Druck von außenher aushalten könne und dazu noch in der Lage sein würde, seinerseits jederzeit die Weltkrise zu benützen, um durch sie einen Druck auf alle übrigen Mächte auszuüben. Man müsse aufs Ganze gehen." (Heinrich Brüning, Memoiren, Stuttgart 1970, Seite 193)

Noch einmal Hoegner:

„Brünings Notverordnungen waren ungefähr das gerade Gegenteil sozialdemokratischer Wirtschaftspolitik... Aber wir konnten uns gegen Brünings Auffassungen nicht durchsetzen und machten so die wirtschaftliche Unvernunft, aus politischen Gründen, um die Demokratie gegen Hugenberg und Hitler zu halten, notgedrungen mit. Millionen von Anhängern verstanden uns nicht mehr und schwenkten zu den Kommunisten ab... Die Organisationsvertreter der Kriegsbeschädigten, der Invalidenrentner und zahllose andere, die durch Brünings Notverordnungen betroffen wurden, fielen erregt über uns her... Der Kern der Partei und der freien Gewerkschaften blieb unserer Fahne bis zum Untergang treu. Mit diesem erprobten, gutgläubigen und disziplinierten Millionenheer hinter sich, hätte die Führung der deutschen Sozialdemokratie und der freien Gewerkschaften die demokratische Republik durch entschlossenes Handeln vielleicht retten können. Aber auf kühne Taten war unsere Politik nicht eingestellt." (Hoegner, Seite 20ff.)

Es gab geradezu selbstmörderische Illusionen. Im Jahre 1929 hatte die sozialdemokratische preußische Landesregierung erfahren, daß die Reichswehr auf Umwegen die Nazibewegung finanzierte. Daraufhin schrieb der sozialdemokratische Reichskanzler Hermann Müller am 4. Mai 1929 folgenden Brief an den sozialdemokratischen Ministerpräsidenten von Preußen, Otto Braun, der ihn darüber informiert hatte:

„Lieber Otto, anläßlich unserer letzten Unterhaltung sprachst Du den Verdacht aus, daß Reichswehrstellen Geldmittel für die nationalsozialistische Bewegung zur Verfügung stellten. Ich erzählte Dir damals von der Erklärung, die der Reichstagsabgeordnete Frick dem Reichswehrminister abgegeben hatte, nach welcher jeder Nationalsozialist, der in Beziehungen zu Reichswehrstellen träte, den Ausschluß aus der Partei zu gewärtigen hätte – – – Ich lege Dir nun einen Befehl Adolf Hitlers vom 3. Dezember 1928 bei, der genau in demselben Sinne die Nationalsozialisten vor der Reichswehr warnt, ihnen verbietet, in Beziehungen zu ihr zu treten, und Parteigenossen, die gegen diesen angeführten Befehl der Parteileitung verstoßen, mit dem sofortigen Ausschluß aus der Partei droht. Für die Ausführung des Befehls werden die politischen Gauleiter besonders verantwortlich gemacht. Die Parteipresse ist aufgefordert, diesen Befehl nachzudrucken und mindestens einmal im Monat zu wiederholen. Es ist kein Zweifel darüber, daß dieser Parteibefehl echt ist, und daß es den Nationalsozialisten mit dieser Ausführung ernst ist, denn sie sehen in der Reichswehr eine Institution, die letzten Endes die Republik schützt. Mit bestem Gruß Dein Müller." (Hermann Müller, Memoiren; zitiert nach Seydewitz, Seite 199f.)

Selbstmörderische Bereitschaft, den Angaben der Nazis und ihrer Reichswehrfreunde zu vertrauen. Umso erschütternder ist die Weigerung, Bündnisangebote der Kommunisten auch nur zu prüfen.

Die Terroristen der SA und SS wurden von allen Seiten toleriert, begünstigt, unterstützt. Eines der gravierendsten Beispiele war der Mord von Potempa. Am 11. August 1932 meldete der Polizeibericht:

„In der Nacht zum Mittwoch wurde in Potempa (Landkreis Gleiwitz) der kommunistisch gesinnte 35 Jahre alte Arbeiter Konrad Pietrzuch ermordet.

Gegen 11.30 Uhr drangen mehrere uniformierte SA-Leute, die in einem Personenwagen nach Potempa gekommen waren, in das unverschlossene Zimmer ein, in dem Konrad Pietrzuch, sein Bruder Alfons und seine Mutter schliefen. Mit dem Ruf: ‚Raus aus dem Bett, Ihr verfluchten Kommunisten! Hände hoch!' zerrten sie Konrad Pietrzuch, der zusammen mit seinem Bruder Alfons in einem Bett schlief, von seinem Lager und mißhandelten ihn schwer. Konrad Pietrzuch flüchtete in eine Kammer neben dem Zimmer. Sein Bruder Alfons erhielt einen mächtigen Schlag auf den Kopf und trug eine stark blutende Wunde davon. Einer der Täter stieß die Kammertür auf und gab aus seiner Pistole einen Schuß in die Kammer ab. Darauf verließen die Täter das Haus. Die Mutter Pietrzuchs begab sich darauf in die Kammer und fand ihren Sohn in einer Blutlache liegend tot auf." (Dokumente zur deutschen Geschichte 1929/33, Frankfurt, Seite 70f.)

Das Sondergericht in Beuthen, das aufgrund einer der Hindenburgschen Notverordnungen geschaffen worden war, mußte die Mörder zum Tode verurteilen. Aber die Presse des ehemaligen Kruppdirektors Hugenberg forderte die Begnadigung der Sadisten. So die großbürgerlichen „Hamburger Nachrichten":

> „Was in Beuthen abgeurteilt wurde, ist ja kein Gewaltakt gegen einen deutschen Volksgenossen, sondern die Beseitigung eines polnischen Halunken, der zudem noch Kommunist war. Also ein zweifacher Minusmensch, der das Recht, auf deutschem Boden zu leben, längst verwirkt hatte... Hat man denn um Gotteswillen in deutschen Richterkreisen immer noch nicht begriffen, daß es sich im Osten in dem Grenzkampf zwischen germanischen Edelmenschen und polnischen Untermenschen um den Daseinskampf des deutschen Volkes handelt?" (zitiert nach „Vorwärts", Berlin vom 24. August 1932)

Vier Wochen später, am 22. September 1932, wurden die Mörder begnadigt, bei Hitlers Amtsantritt wurden sie ausgezeichnet. Und die deutschen Richter begriffen, was von ihnen erwartet wurde.

48 Stunden nach der Mordtat, die weltweites Entsetzen ausgelöst hatte, wurde Hitler von Hindenburg empfangen. Nach der Niederschrift des Staatssekretärs Meissner erklärte der wenige Wochen zuvor mit den Stimmen des Zentrums und der SPD gewählte Hindenburg wörtlich:

> „Wir sind ja beide alte Kameraden und wollen es bleiben, da später der Weg uns doch wieder zusammenführen kann. So will ich Ihnen denn auch jetzt kameradschaftlich die Hand reichen." (Dokumente, 1929/33, Seite 72)

Die Reichswehr stürzt den SPD-Kanzler

Der Sozialdemokrat Hermann Müller war der letzte parlamentarisch regierende Reichskanzler der Weimarer Republik. Sein Kabinett amtierte vom 29. Mai 1928 bis zum 30. März 1930. Diesem Kabinett gehörten außer der SPD, die auch den Innenminister Severing, den Finanzminister Hilferding und den Arbeitsminister Wissell stellte, noch das katholische Zentrum, die Deutsche Demokratische Partei, die Deutsche Volkspartei und die Bayerische Volkspartei (bayerische Filiale des Zentrums) an. Im März 1930, während der Weltwirtschaftskrise, die Deutschland mit aller Wucht getroffen hatte, stürzte das Kabinett Hermann Müller. Anlaß war die Auseinandersetzung um eine weitere Kürzung der Arbeitslosenunterstützung.

Die nach 1945 geschaffene Legende behauptet, das Kabinett Müller sei gestürzt, weil die SPD die Arbeitslosenunterstützung nicht so drastisch kürzen wollte, wie es die bürgerlichen Parteien verlangten. Hätte sich die SPD nachgiebiger gezeigt – so behauptet diese Legende –, dann wäre die Entwicklung zum Faschismus gar nicht gekommen.

Diese Legende ist geschaffen worden, um die Sozialdemokraten der Bundesrepublik zum Nachgeben gegenüber den Forderungen von rechts zu erziehen, immer mit dem Argument: ,,Sonst kommt es noch schlimmer."

Brüning, der Hermann Müller als Reichskanzler ablöste, hat jener Legende endgültig den Todesstoß gegeben. Am 30. März 1930 wurde Hermann Müller gestürzt – aber, so bekennt Brüning, ein volles Jahr vorher war sein Sturz, die Ablösung der SPD aus der Regierungsgewalt, bereits beschlossene Sache. Beschlossen von den Generalen der Reichswehr und ihrem Werkzeug an der Spitze des Staates, dem Reichspräsidenten Paul von Hindenburg.

An Ostern 1929 wandte sich Oberstleutnant Willisen vom Stabe des Reichswehrgenerals Kurt von Schleicher an den Zentrumsabgeordneten Heinrich Brüning. Brüning:

> ,,Als wir beim Frühstück zusammensaßen, erklärte er mir, die Reichswehr erwarte von mir einen schnellen Entschluß zur Unterstützung im gegebenen Augenblick für eine große, aufbauende Politik, die am Ende des Jahres einsetzen müßte... General von Schleicher erwarte mich nach Abschluß der Etatverhandlungen im Reichstag zu einer diesbezüglichen Besprechung unter vier Augen." (Brüning, Seite 140)

Wenige Tage später wird Brüning von Schleicher empfangen. Dieser teilt ihm mit, daß man ihn dazu ausersehen habe, mit Hilfe des Notstandsparagraphen der Weimarer Verfassung, des Artikels 48, die parlamentarische Demokratie zu liquidieren*.

Brüning schildert diese Unterhaltung folgendermaßen:

> ,,Schleicher: Der Reichspräsident würde nicht die Verfassung verletzen, aber er würde das Parlament im gegebenen Augenblick für eine Zeit nach Hause schicken und in dieser Zeit mit Hilfe des Artikels 48 die Sache in Ordnung bringen.

* Artikel 48 der Weimarer Verfassung lautete: ,,Wenn ein Land die ihm nach der Reichsverfassung oder den Reichsgesetzen obliegenden Pflichten nicht erfüllt, kann der Reichspräsident es dazu mit Hilfe der bewaffneten Macht anhalten.
Der Reichspräsident kann, wenn im Deutschen Reiche die öffentliche Sicherheit und Ordnung erheblich gestört oder gefährdet wird, die zur Wiederherstellung der öffentlichen Sicherheit und Ordnung nötigen Maßnahmen treffen, erforderlichenfalls mit Hilfe der bewaffneten Macht einschreiten. Zu diesem Zwecke darf er vorübergehend die in den Artikeln 114, 115, 117, 118, 123, 124, 153 festgesetzten Grundrechte ganz oder zum Teil außer Kraft setzen.
Von allen gemäß Abs. 1 oder Abs. 2 dieses Artikels getroffenen Maßnahmen hat der Reichspräsident unverzüglich dem Reichstag Kenntnis zu geben. Die Maßnahmen sind auf Verlangen des Reichstags außer Kraft zu setzen.
Bei Gefahr im Verzuge kann die Landesregierung für ihr Gebiet einstweilige Maßnahmen der in Abs. 2 bezeichneten Art treffen. Die Maßnahmen sind auf Verlangen des Reichspräsidenten oder des Reichstages außer Kraft zu setzen.
Das Nähere bestimmt ein Reichsgesetz."

Brüning: Wie lange schätzen Sie die für die Reform notwendige Zeit ein?

Schleicher: Na, in sechs Monaten muß man das schaffen." (a.a.O., S. 146)

Dies alles spielte sich 1929 ab, ein Jahr vor dem Sturz des sozialdemokratischen Kanzlers. Ein Jahr vor jenem angeblichen „Streit um die Arbeitslosenversicherung". Ein Jahr im voraus hatte die Generalität beschlossen, die SPD abzuhalftern, die Weichen nach rechts zu stellen, wobei zunächst der Kanzler Brüning helfen sollte, der als „christlicher Demokrat" ein geradezu ideales Werkzeug zur Täuschung der Öffentlichkeit war.

Die SPD sollte keineswegs sofort unterdrückt werden. Man wollte sie ausnutzen, sie sollte ein Diktaturregime unterstützen, ähnlich dem, das zu jener Zeit in Ungarn von Militärs und Großgrundbesitzern unter der Anführung des Admirals Horthy herrschte. Die unter Beteiligung der Sozialdemokratie ausgehandelte Räumung des Rheinlands von französischen Besatzungstruppen sollte ausgenutzt werden, um den Untergang der SPD vorzubereiten. So verlief die Geheimverhandlung weiter:

„Brüning: Der patriotische Schwung, der durch die Räumungsfeiern auch über die Sozialdemokratie kommen wird, schafft vielleicht die Möglichkeit, diese so weit zu bringen, daß sie zumindest eine Situation wie in Ungarn toleriert.

Schleicher: Phantastisch. Das ist ganz meine Idee. Hermann Müller ist zwar krank, aber ein fabelhaft anständiger und patriotischer Mann.

Brüning: Dann stimmen wir darin überein, daß die Monarchie unter keinen Umständen im Kampfe gegen die Masse der geschulten Arbeiterschaft eingeführt werden darf. Die Monarchie muß am Ende der Reformen stehen." (ebenda)

Das war eine der Fragen, über die Brüning später stürzte; er wollte die SPD in die geplante Monarchie „integrieren". Die Hintermänner dieser Entwicklung aber wollten ganze Arbeit machen und die Arbeiterbewegung restlos zerschlagen. Brüning glaubte, langsam und vorsichtig operieren zu sollen – die Reichswehr und ihre millionenschweren Hintermänner aber verlangten Tempo: „In sechs Monaten muß man das schaffen."

Ein halbes Jahr nach jenem vertraulichen Gespräch mit General Schleicher wird Brüning dem Reichspräsidenten Hindenburg vorgestellt. Es ist drei Monate vor dem geplanten Sturz Hermann Müllers; ausgerechnet in dessen eigenem Haus spielt der nächste Akt der Intrige zu seinem Sturz. Zum Weihnachtsempfang beim Reichskanzler wird der Zentrumsabgeordnete Heinrich Brüning eingeladen. Er schildert, wie er Hindenburg vorgestellt wird:

„Hindenburg sah erschreckend alt aus. Im letzten Augenblick entdeckte mich sein Sohn. Der Reichspräsident rief laut aus: ‚Da ist er ja, den ich suche!' Jetzt merkte ich, wie weit Schleicher, ohne daß eine Verbindung zwischen uns bestand, den Reichspräsidenten bereits bearbeitet hatte." (a.a.O., Seite 148)

Wenige Tage später führt General Schleicher zusammen mit dem Staatssekretär im Reichspräsidentenamt, Meißner, die vertraulichen Verhandlungen mit Brüning weiter. Schleicher und Meißner erläutern: Der Sozialdemokrat Müller soll als Kanzler noch den Young-Plan unterzeichnen, der die Zahlung von hohen Kriegsentschädigungen an die Westmächte festlegte. Dann aber müsse er stürzen. Denn es ging darum,

„die Früchte der Annahme des Young-Planes, nämlich die Rheinlandräumung, Hermann Müller zu entziehen, und ihn nur mit den unangenehmen Dingen zu belasten." (a.a.O., Seite 151)

So geschah es. Am 11. und 12. März 1930 wurden die Gesetze angenommen, die Deutschland zu hohen Zahlungen an die Westmächte verpflichteten. Die SPD unter ihrem Kanzler Hermann Müller stimmte zu. Knapp 14 Tage später, am 27. März wurde Müller gestürzt, die SPD als Regierungspartei wurde nicht mehr gebraucht.

Die Methode, sozialdemokratische Kanzler und Minister die „Dreckarbeit" für die Rechte machen zu lassen und sie dann zu stürzen, wenn sie dadurch unpopulär geworden sind, sollten die Sozialdemokraten von heute genau untersuchen. Und auch die Rolle einzelner Prominenter: Hindenburgs Staatssekretär Meißner, der mit Schleicher und Brüning an der Verschwörung gegen den sozialdemokratischen Reichskanzler Hermann Müller beteiligt war, hatte als Sozialdemokrat 1919 unter dem ersten Reichspräsidenten Ebert sein Amt angetreten. Dann ging er mit Hindenburg. Er wurde schließlich Hitlers Staatssekretär und blieb bis zum Ende der Hitlerdiktatur 1945 in diesem Amt.

Brüning schildert Schleichers und Meißners Haltung bei dem Gespräch zu dritt am 2. Weihnachtsfeiertag 1929:

„Nach dem Essen fingen Schleicher und Meißner an, mir klarzumachen, daß der Reichspräsident unter keinen Umständen gewillt sei, nach Verabschiedung des Young-Planes noch das Kabinett Hermann Müller im Amt zu lassen... Hermann Müller würde gestürzt werden, und sein Nachfolger würde im Notfall die Vollmacht des Artikels 48 bekommen." (a.a.O., Seite 150)

Damit war der Übergang von der parlamentarischen Regierungsform zum Notstandsregime beschlossen. Am 27. März 1930 erhielt der sozialdemokratische Kanzler den Dolchstoß. Der „christliche Demokrat" Heinrich Brüning wurde als Vollstrecker für die nächste Etappe des Weges ins Kanzleramt berufen.

Das Kabinett Müller zerbrach keineswegs wegen der Arbeitslosenversicherung. Brüning selbst bestätigt, daß das Kabinett eine Kompromißformel gefunden hatte. Aber das Todesurteil war von Reichswehr und Schwerindustrie bereits gefällt und wurde durch Order des Reichspräsidenten vollzogen:

> „Das Kabinett trat zusammen. Es beschloß, den Reichspräsidenten zu bitten, den Kompromiß mit Hilfe des Artikels 48 zu verkünden. In diesem Augenblick erhob sich Meißner und teilte mit, der Reichspräsident werde diesem Kabinett die Vollmachten des Artikels 48 nicht mehr geben." (a.a.O., Seite 167)

Die Notstandsvollmacht, die dem Sozialdemokraten verweigert wurde, war für seinen Nachfolger im voraus schon bewilligt:

> „Während wir im Vorstand (der Zentrumsfraktion) zusammensaßen..., kam auch schon Meißner mit der Mitteilung, daß der Reichspräsident mich berufen werde." (ebenda)

Brünings Amtszeit

1930

30. März 1930: Heinrich Brüning (Zentrumspartei) bildet seine Regierung, die sich immer weniger auf Parlamentsmehrheiten und immer mehr auf Notverordnungen mit Hilfe des Ausnahmeparagraphen 48 der Weimarer Verfassung stützt.

16. Juli: 1. Notverordnung. Sie führt eine Kopfsteuer für alle Bürger, eine Besteuerung aller Ledigen und Gehaltsabzüge für Staatsbeamte und -angestellte ein.

18. Juli: Der Reichstag hebt die Notverordnung wieder auf, Reichspräsident Hindenburg löst den Reichstag auf.

26. Juli: Durch eine neue Notverordnung werden die Bestimmungen der Notverordnung des 16. Juli wieder in Kraft gesetzt. Außerdem eine Biersteuer eingeführt. Die Beiträge zur Arbeitslosenversicherung werden auf 4½ Prozent erhöht, gleichzeitig 150 Millionen Mark für die Sanierung der Rittergüter im Osten Deutschlands bereitgestellt. Die Leistungen der Arbeitslosen- und Krankenversicherung werden gesenkt.

14. September: Reichstagswahl. Die NSDAP erzielt einen riesigen Aufschwung, die bürgerlichen Parteien (außer dem katholischen Zentrum) werden weitgehend dezimiert. Die SPD verliert 600000 Stimmen, die KPD gewinnt 1,3 Millionen. Einzelergebnisse:

SPD 8575244 Stimmen – 24,5% – 143 Abgeordnete

NSDAP 6379672 Stimmen – 18,3% – 107 Abgeordnete

Zentrum (und Bayrische Volkspartei) 5185637 Stimmen – 14,8% – 87 Abgeordnete

KPD 4590160 Stimmen – 13,1% – 77 Abgeordnete.

14. Oktober: Die Metallarbeiterlöhne sollen um 15 Prozent gesenkt werden. 130000 Metallarbeiter treten in Berlin in den Streik. Am 8. November wird ein Schiedsspruch gefällt, der Lohnsenkungen um 6–8 Prozent vorsieht. Der Metallarbeiterverband bricht den Streik ab, die RGO gründet mit 15000 Mitgliedern eine selbständige Industriegewerkschaft „Einheitsverband der Metallarbeiter Berlins".

18. Oktober: Beginn der Tolerierungspolitik durch die SPD. Ihre Reichstagsfraktion stimmt gemeinsam mit den bürgerlichen Parteien gegen einen kommunistischen Antrag, Brünings Notverordnung aufzuheben.

1. Dezember: Neue Notverordnung. Die Gehälter und Pensionen der Staatsbeamten werden um 6 Prozent gekürzt. Die Besteuerung von Bier und Tabak sowie die Ledigensteuer werden erhöht.

6. Dezember: Die Parteien der Brüning-Regierung und die SPD stimmen gegen die Aufhebung dieser Notverordnung.

1931

9. Januar 1931: Eine Notverordnung für den Ruhrbergbau ordnet Lohnabbau um 6 Prozent an.

20. März: Die SPD stimmt einer Vertagung des Reichstages für ein halbes Jahr (bis 13. Oktober) zu. Spaltung der SPD-Fraktion, da neun Abgeordnete unter Führung von Seydewitz und Rosenfeld entgegen der Anordnung des Parteivorstandes die Bewilligung von Geldern für den Kriegsschiffbau (Panzerkreuzer) ablehnen.

29. Mai: Die KPD legt ein Arbeitsbeschaffungsprogramm vor, das vor allem vorsieht: 40-Stunden-Woche bei vollem Lohnausgleich, Verbot von Überstunden, Herabsetzung der Altersgrenze auf 60 Jahre, Verbot von Betriebsstillegungen, Erweiterung des Wohnungsbaus und Bau von Krankenhäusern, Heilstätten, Erholungs- und Kinderheimen.

31. Mai – 5. Juni: Parteitag der SPD in Leipzig. Die neun Abgeordneten, die gegen den Panzerkreuzer gestimmt haben, werden gemaßregelt. Parteivorsitzender Otto Wels formuliert: „Bolschewismus und Faschismus sind Brüder". Fritz Tarnow, der für die Gewerkschaften spricht, erklärt zur „Voraussetzung für die Erreichung des Sozialismus" die Sanierung der kapitalistischen Wirtschaft. Die Arbeiterklasse müsse „Arzt am Krankenlager des Kapitalismus" sein.

5. Juni: Weitere Notverordnung. Löhne, Gehälter und Pensionen der öffentlichen Bediensteten werden um 5–8 Prozent gekürzt, die Leistungen

der Arbeitslosenversicherung um 6–14 Prozent. Die Arbeitszeit in der Privatindustrie kann ohne Lohnausgleich gesenkt werden. Die Regierung führt einen „Freiwilligen Arbeitsdienst" ein.

13. Juli: Die Darmstädter- und Nationalbank (Danat-Bank) bricht zusammen. Banken, Kreditinstitute und Sparkassen werden durch Notverordnung vorübergehend geschlossen.

9. August: Ein von der NSDAP eingeleiteter Volksentscheid für die Auflösung des preußischen Landtages mißlingt. Unter dem Einfluß des ultralinken Flügels Neumann/Remmele hatte die KPD zur Teilnahme aufgerufen. Dieser Beschluß wird später als schwerer Fehler gekennzeichnet.

31. August – 4. September: Kongreß des Allgemeinen Deutschen Gewerkschaftsbundes (ADGB). Anträge gegen die Notverordnungen der Regierung Brüning und für den außerparlamentarischen Kampf gegen den Faschismus, die aus Breslau, Kiel, Leipzig, Stuttgart und anderen Städten gestellt waren, werden abgelehnt.

29. September: Max Seydewitz und Kurt Rosenfeld, die gegen den Panzerkreuzer gestimmt haben, werden aus der SPD ausgeschlossen.

4. Oktober: Unter Führung von Seydewitz wird die Sozialistische Arbeiterpartei (SAP) gegründet.

6. Oktober: Neue Notverordnung, die die Gehälter und Renten weiter senkt.

9. Oktober: Reichswehrminister Gröner, ein General der früheren kaiserlichen Armee, übernimmt neben dem Reichswehrministerium auch das Reichsinnenministerium. Ein Vorstandsmitglied des IG-Farben-Konzerns, H. Warmbold, übernimmt das Wirtschaftsministerium.

10. Oktober: Erste offizielle Verhandlung des Reichspräsidenten Hindenburg mit Hitler. Reichswehrgeneral von Schleicher übernimmt die ständige Kontaktaufnahme zur Führung der NSDAP.

11./12. Oktober: Die NSDAP, der Stahlhelm und die Deutschnationale Volkspartei Hugenbergs bilden die „Harzburger Front" in Bad Harzburg. Beteiligt sind Großindustrielle wie Blohm, Poensgen, Winnaker, Rosterg sowie General von Seeckt und Admiral von Trotha. Sie fordern von Hindenburg die Bildung rechtsextremer Regierungen im Reich und in Preußen.

27. Oktober: Der Großindustrielle v. Siemens wirbt vor amerikanischen Konzernvertretern in New York für die Hitlerpartei.

23. November: Das Reichsgericht verurteilt den Herausgeber der „Weltbühne", Carl von Ossietzky, zu eineinhalb Jahren Gefängnis wegen „Verrats militärischer Geheimnisse", weil die Zeitschrift illegale Aufrüstungsmaßnahmen der Reichswehr angeprangert hatte.

Dezember 1931: Der KPD-Vorsitzende Thälmann veröffentlicht in der Zeitschrift „Internationale“ einen Artikel, in dem er vor der Illusion warnt, die Faschisten würden als Regierungsspartei „abwirtschaften“.

9. Dezember: Die Großindustriellen Thyssen und Vögler konferieren in Berlin mit Hitler.

16. Dezember: SPD, Gewerkschaften, Reichsbanner und sozialdemokratische Sportorganisationen schaffen gemeinsam die „Eiserne Front“, die den Faschismus bekämpfen soll. In den Betrieben werden „Hammerschaften“ als Betriebsgruppen der Eisernen Front gebildet.

Die Zahl der Arbeitslosen ist auf 5668187 gestiegen, von denen rund 900000 keine Arbeitslosenunterstützung erhalten.

Von SA und SS sind im Jahre 1931 49 Arbeiter erschossen worden, durch die Polizei 55. Nach Mitteilung der „Roten Hilfe“ gibt es 7000 politische Gefangene in den Strafanstalten des Deutschen Reiches.

1932

27. Januar: Hitler spricht in Düsseldorf vor rund 700 Vertretern aus Industrie und Bankwelt. Er verspricht, das Privateigentum zu schützen, Demokratie und Bolschewismus zu vernichten und „neuen Lebensraum“ zu erobern.

28. Januar: Die Großindustriellen Poensgen, Thyssen und Vögler verhandeln mit Hitler und Göring über eine Regierungsbildung.

29. Januar: Reichswehrminister Gröner hebt die Anordnung auf, daß Mitglieder der NSDAP in der Reichswehr nicht geduldet werden.

27. Februar: Der Parteivorstand der SPD ruft auf, bei der bevorstehenden Reichspräsidentenwahl Paul von Hindenburg zu wählen. Er sei die Alternative zu Hitler.

13. März: Reichspräsidentenwahl. Hindenburg 18,6 Millionen Stimmen, Hitler 11,3 Millionen Stimmen, Thälmann 4,9 Millionen Stimmen. Da kein Kandidat die absolute Mehrheit erhalten hat, ist eine Stichwahl notwendig geworden.

10. April: Hindenburg wird mit 19,3 Millionen Stimmen gewählt, Hitler 13,4 Millionen, Thälmann 3,7 Millionen.

13. April: Die Reichsregierung erklärt SA und SS für aufgelöst.

14. April: Der Bundesvorstand des Reichsbanners löst seine Schutzformationen (Schufo) auf, da mit der Wahl des Reichspräsidenten von Hindenburg die „Gefahr des unmittelbar drohenden Bürgerkrieges von Deutschland genommen“ worden sei.

24. April: Landtagswahlen in Preußen, Bayern und anderen Ländern bringen weitere Stimmengewinne der NSDAP. In Preußen erhält die NSDAP mehr Stimmen als KPD und SPD zusammen.

3. Mai: Die IG-Farben ziehen ihren Vertrauensmann, den Reichswirtschaftsminister Warmbold, aus der Brüningregierung zurück, und geben damit ein Signal für deren Sturz.

18. Mai: Die Großbankiers Schröder und Schacht, der Schwerindustrielle Vögler und andere Konzernvertreter bilden mit Hitlers Vertrauensmann Keppler den „Freundeskreis Keppler", die erste organisierte Zusammenfassung von Großkapital und Faschismus.

24. Mai: Vor dem Zentralkomitee der KPD entwickelt der Parteivorsitzende Thälmann, daß alle parlamentarischen und außerparlamentarischen Mittel eingesetzt werden müßten, um den Eintritt der NSDAP in die Regierung im Reich oder in Preußen zu verhindern. Dazu müßten Kompromißvereinbarungen mit der SPD und auch mit der katholischen Zentrumspartei geschlossen werden. Gleichzeitig beschließt die KPD, eine große antifaschistische Aktion auf überparteilicher Basis in die Wege zu leiten. Die Repräsentanten des ultralinken Kurses, H. Neumann und L. Flieg, verlieren ihre Ämter in der Parteiführung.

30. Mai: Hindenburg entläßt Brüning und ernennt Papen zum Kanzler.

„Vorfrucht der Diktatur"

Für Militär und Schwerindustrie war Brüning geradezu der ideale Typ. Der Öffentlichkeit wurde er als gläubiger Katholik vorgestellt, den Arbeitern als christlicher Gewerkschafter, den Sozialdemokraten als „kompromißbereiter Demokrat und Hitlergegner". In Wirklichkeit war Brüning ein Militarist vom Scheitel bis zur Sohle. Noch 1934 in seinen Memoiren rühmt er sich, nach 1918 mit den Freikorps gegen die revolutionäre Arbeiterschaft gekämpft zu haben. Noch in diesen Memoiren beklagt er, daß er als kaiserlicher Leutnant in einer Maschinengewehrkompanie nicht die Genehmigung erhielt, auf die Arbeiter und Matrosen zu schießen. (a.a.O., Seite 28)

Für ihn sind noch 1934 die Arbeiter und Matrosen, die die Republik erkämpft haben, „Deserteure", „Feiglinge", „Weiber der übelsten Sorte". (a.a.O., Seite 29ff.)

Die Putschisten des Freikorps Ehrhardt dagegen, die 1920 den Kapp-Putsch durchführten, um die Republik zu stürzen, sind für ihn „Damen und Herren (mit) konstruktiven Ideen". Bei ihrem Putsch entdeckt er „Maschinengewehre, mit Blumen geschmückt". (a.a.O., Seite 62f.)

Das Freikorps Ehrhardt ist für ihn eine „erstklassige Truppe... von Vaterlandsliebe beseelt" (Seite 66). Und er entdeckt noch 15 Jahre später eine positive Folge dieser reaktionären Revolte, nämlich den Ruck nach rechts:

> „Ein Gutes hatte der Kapp-Putsch: in den darauffolgenden Wahlen besaß die sogenannte Weimarer Koalition, bestehend aus Mehrheitssozialdemokraten, Demokraten und Zentrum, keine Mehrheit mehr." (a.a.O., Seite 67f.)

Unmittelbar vor dem Hitlerputsch 1923 vermittelt Brüning, daß der deutschnationale Reichskanzler Cuno Hitlers Komplizen, den monarchistischen General und Antisemiten Ludendorff, empfängt. Immer wieder unterstreicht er in seinen Memoiren, daß es sein erklärtes Ziel war, die republikanische Verfassung abzuschaffen, das Kaiserreich wieder einzuführen:

> „Es war eine Frage des richtigen Augenblicks, um an die Stelle des Präsidenten wieder einen Monarchen zu setzen." (a.a.O., Seite 373)

> „Ich war in der Innenpolitik so weit, daß ich für den Sommer (1932) die Wiedereinführung der Monarchie auf legalem Wege betreiben konnte." (a.a.O., Seite 456)

Folgerichtig liquidierte die Regierung Brüning Zug um Zug das parlamentarische Regime. Im Jahre 1930 trat der Reichstag 94mal zusammen, verabschiedete 52 Gesetze, während Brüning fünf Notverordnungen erließ.

1931 gab es noch 41 Reichstagssitzungen, 19 parlamentarische Gesetze und bereits 41 Notverordnungen.

1932 schließlich tagte der Reichstag nur noch 13mal, es gab nur noch fünf verabschiedete Reichsgesetze, aber 60 Notverordnungen.

Otto Buchwitz, ein Abgeordneter der sozialdemokratischen Reichstagsfraktion, urteilt über die Brüningzeit:

> „Jetzt wäre der gegebene Zeitpunkt gewesen, das verhängnisvolle Paktieren mit den bürgerlichen Parteien aufzugeben und die Aktionseinheit mit der Kommunistischen Partei gegen den erstarkenden Faschismus sowie gegen seine bürgerlichen Schrittmacher herzustellen. Aber auch diese Hoffnung großer Teile sozialdemokratischer Arbeiter ging nicht in Erfüllung... Anstatt eine Annäherung an die Kommunisten zu vollziehen, wurde der letzte Rest sozialistischen Selbstbewußtseins über Bord geworfen. Nun tolerierte man ohne jede Gegenleistung die schamlose Politik Brünings... gestattete ohne Gegenwehr einem reaktionären Reichskanzler Lohn- und Gehaltsabbau, Abbau der Leistungen aller sozialen Einrichtungen. Auch der Wahlsieg der Nazis im September 1930, der ihnen einen Stimmenzuwachs von 800000 auf nahezu sechseinhalb Millionen brachte, steigerte nur den

Opportunismus der Partei- und Gewerkschaftsführung, anstatt endlich Ernüchterung herbeizuführen." (Buchwitz, Seite 128)

Das angebliche kleinere Übel, die Tolerierung Brünings, war in Wirklichkeit die schiefe Ebene, auf der die Politik zu immer größeren Übeln, bis schließlich zur faschistischen Diktatur hinabrollte. Das sagte nicht nur die KPD. Eines der größten Organe der Schwerindustrie, die „Deutsche Allgemeine Zeitung", schrieb damals:

„Brünings politische Tätigkeit kann man doch nur dahin zusammenfassen, daß sie, mit einem Wort Bismarcks, die Vorfrucht der nationalen Diktatur bedeutet, d. h., er gewöhnt das Volk an die Diktatur und ermöglicht es seinen Nachfolgern, sich zu behaupten unter Hinweis auf ihren Vorgänger." (DAZ, 4. Oktober 1931)

Komplott mit Hitler

Diese Politik aber wurde der Arbeiterschaft, den Gewerkschaften, der SPD als „Bollwerk gegen den Faschismus" präsentiert. Wenn die Kommunisten Brüning als Wegbereiter des Faschismus angriffen, so nannte man es Hetze und „Untergrabung der Demokratie..."

Aber vielleicht hat Brüning die Monarchie einführen wollen, um Hitler abzuwehren? Vielleicht hat er die Tolerierung der Sozialdemokraten gesucht, um Hitler zu bekämpfen? Die Antwort auf diese Fragen gibt Brüning selbst: Im März 1930 war er Reichskanzler geworden – im Oktober desselben Jahres, am 6. Oktober 1930, empfing er bereits Hitler zu einer Geheimbesprechung, um eine gemeinsame Taktik festzulegen.

Im Reichstag stimmte die SPD-Fraktion für Brünings Notverordnung, die Löhne und Gehälter kürzte, demokratische Rechte der Verfassung einschränkte, „um Hitler abzuwehren"; zur gleichen Zeit empfing derselbe Brüning den Nazichef zu einer Aussprache, die er „mit der Darlegung der Lage und den Absichten der Regierung für die Zukunft begann." (Brüning, Seite 192)

Während Millionen Arbeitslose in Deutschland hungerten, trug Brüning Hitler vor, es gelte zu rüsten und die Weltwirtschaftskrise als Mittel außenpolitischer Erpressung auszunutzen. Sein Plan:

„Deutschland als erstes Land so zu rüsten, daß es jeden Druck von außen her aushalten könne, und dazu noch in der Lage sein würde, seinerseits jederzeit die Weltkrise zu benützen, um durch sie einen Druck auf alle übrigen Mächte auszuüben. Man müsse aufs Ganze gehen." (a.a.O., Seite 193)

Unverhüllt schlägt Brüning dem Naziführer eine Politik mit verteilten Rollen vor. Es gelte

> „die Welt über diese Lage hinwegzutäuschen..., das sei die erste Phase der Politik, für die eine schärfere außenpolitische Opposition seitens der NSDAP das zweckmäßigste wäre. Eine Verständigung im einzelnen über die Formen der Opposition wäre natürlich eine Voraussetzung für ein späteres Zusammengehen." (a.a.O., Seite 194)

Während die SPD im Reichstag für Brüning stimmt, „um Hitler abzuwehren", schlägt derselbe Brüning Hitler vor, „Opposition" zu mimen, um das In- und Ausland über die wahre Zielsetzung zu betrügen.

> Hoegner urteilt: „Wir Sozialdemokraten waren politisch handlungsunfähig geworden, ins Schlepptau stärkerer Kräfte geraten und wurden nun unaufhaltsam in die Brandung gerissen, deren Donnern und Rollen immer näher kam... Wir schwammen wie auf einer Scholle mitten im Eismeer. Täglich bröckelten Stücke ab..." (Hoegner, Seite 18/19)

Nicht alle waren bereit, die Sozialdemokratische Partei handlungsunfähig machen zu lassen. Ende März 1931, ein Jahr nach dem Regierungsantritt Brünings, legte dieser einen Gesetzentwurf vor, der Senkung der Sozialleistungen, Erhöhung der Preise und neue Mittel für die Aufrüstung (Panzerkreuzer) vorsah. Die Sozialdemokraten hätten zusammen mit den Kommunisten die Streichung der Gelder für den Panzerkreuzer durchsetzen können, denn die Nazis boykottierten die Sitzungen des Reichstags. Daraufhin ließ der Parteivorstand am 18. März 1931, wie Max Seydewitz berichtet, gegen die Stimmen von 40 Prozent der sozialdemokratischen Reichstagsabgeordneten beschließen, daß die SPD-Fraktion sich der Stimme zu enthalten habe, um Brünings Vorlagen durchkommen zu lassen. Neun sozialdemokratische Reichstagsabgeordnete stimmten dennoch mit Nein. Auf dem kurz darauf stattfindenden Parteitag in Leipzig (31.5.–5.6.1931) warf ihnen Parteivorstandsmitglied Sollmann als Referent „eine bewußt provokatorische Aktion gegen die geheiligte Disziplin der Partei" vor. (Seydewitz, Seite 218). Seydewitz antwortete:

> „Ich bin der Überzeugung, daß der herrschende Monopolkapitalismus in Deutschland nicht daran glaubt, dieses sein Klassenziel auf dem Weg der Demokratie erreichen zu können. Und weil er mit der Möglichkeit rechnet, andere Wege zur Durchsetzung seiner Ziele gehen zu müssen, hat er die faschistische Bewegung ins Leben gerufen, um in dem Augenblick, wo er seine Absichten auf dem demokratischen Wege nicht weiterführen kann, mit brutaler Gewalt, mit Einsetzung der nationalsozialistischen Bewegung, seine Ziele zu verwirklichen... Mit der Politik des Tolerierens, des Ausweichens, des Opferbringens schwächen wir die Politik der Arbeiterklasse für den Zeitpunkt, wo wir allein auf die Kampfkraft der Arbeiter angewiesen sind... Ich stelle hier auch eine Gegenfrage: Warum ist die Arbeiterklasse nicht kampffähig (Zuru-

> fe). Ich freue mich, daß Ihr mir zuruft: ‚Sie ist kampffähig!' Wenn das der Fall ist, warum dann die Sorge? Dann geht mit uns, dann macht Schluß mit der Tolerierungspolitik! (Stürmischer Beifall)... Nicht Verantwortungslosigkeit und Leichtfertigkeit hat unser Handeln bestimmt, sondern die Sorge um die Partei, die Sorge um die Arbeiterbewegung, die Sorge um die Einheit der Partei und die Einheit der Arbeiterbewegung. Und die Geschichte wird uns recht geben. (Erneuter stürmischer Beifall)." (Protokoll des Leipziger Parteitages der SPD, 1931, zitiert nach Seydewitz, Seite 221 ff.)

Seydewitz und seine Freunde wurden aus der SPD ausgestoßen.

Diejenigen Kräfte auf der Linken, die Brünings Absichten anprangerten und bekämpften, wurden als „Feinde der Republik", „Helfershelfer des Nazismus" denunziert. In Wirklichleit aber schlägt Brüning währenddessen in vertraulichen Verhandlungen Hitler folgendes vor:

> „Das erste Land, das bereit wäre, alle unpopulären Opfer nach innen auf sich zu nehmen, würde an die Spitze kommen. Die Krise würde auch Länder wie Frankreich und England nicht verschonen. Diejenigen Länder, die zuerst von ihr betroffen würden, würden als letzte auch die notwendigen Gegenmaßnahmen treffen und daher die Unterliegenden sein. Wenn Hitler bereit sei, auf der Grundlage dieser Außenpolitik in loyaler Weise erst versteckt und dann offen mitzuarbeiten, so würde das deutsche Volk in zwei bis drei Jahren die Fesseln des Versailler Vertrages los sein. Ich hoffe, daß ich an ihn als alten Frontsoldaten nicht vergeblich appelliere." (Brüning, Seite 195)

Hitlers Antwort bestand vor allem in der Forderung, „Frankreich als den Erbfeind, Rußland als den Hort des Bolschewismus sowie SPD und KPD zu vernichten". (ebenda)

Das ist für Brüning keineswegs Anlaß zum Widerspruch. Er erklärt sich vielmehr

> „bereit, dafür zu sorgen, daß überall in den Länderparlamenten schon in dieser ersten Anlaufzeit, wo es zahlenmäßig möglich sei, NSDAP und Zentrum zusammen eine Regierung bilden könnten, um so die Brükken für die zweite Phase zu bilden". (a.a.O., Seite 196)

Man vergleiche mit dieser Selbstenthüllung, was der damalige sozialdemokratische Ministerpräsident von Preußen, Otto Braun, in seinen Erinnerungen als eigenen Standpunkt (und den der SPD-Führung) wiedergibt:

> „...nahm ich in der Fraktion den Standpunkt ein, daß das Kabinett Brüning nicht gestürzt werden dürfte. War man im März 1930 ohne zwingenden Grund aus dem Reichskarren ausgestiegen und hatte Brüning die Zügel in die Hand gespielt (vergl. dagegen oben den wahren Sachverhalt, EC.), so mußte man nun neben dem Karren hertrotten

und verhüten, daß er in den reaktionären Abgrund glitt. Solche Tolerierungspolitik war nicht bequem, aber unter den gegebenen Verhältnissen das kleinere Übel." (Otto Braun, „Von Weimar zu Hitler", Hamburg 1949, Seite 177f.)

Brüning verhandelt mit Hitler, um gemeinsam die Verfassung zu liquidieren, gemeinsam aufzurüsten – aber die SPD soll Brüning stützen, als angebliches Bollwerk gegen „den reaktionären Abgrund", zu dem gerade er den Weg ebnet. Brüning bereitet den Regierungseintritt der Hitlerpartei vor, aber die SPD soll ihn als das „kleinere Übel" gegen (!) einen solchen Regierungseintritt tolerieren.

Otto Braun, der maßgebend auf eine solche Haltung der SPD hinwirkte, veröffentlichte später selbst einen Brief, den der Ex-Reichskanzler Hermann Müller an ihn geschrieben hatte und in dem Müller Braun aufforderte, unter allen Umständen innerhalb der SPD-Reichstagsfraktion in diesem Sinn aufzutreten:

> „Man sieht in Dir von sozialistischer Seite die stärkste unverbrauchte Kraft, wie man von bürgerlich-wirtschaftlicher Seite in Dir den deutschen Mussolini – mit Pilsudski will ich Dich nicht vergleichen – glaubt erwachsen zu sehen." (ebenda)

Derselbe Brüning, der Hitler auseinandersetzt, daß die Wirtschaftskrise nicht bekämpft, sondern verschärft werden soll, als Erpressungsinstrument gegen das Ausland, derselbe Brüning, der Hitler auseinandersetzt, wie es darauf ankäme, „die Welt über die wirkliche Lage hinwegzutäuschen" – derselbe Brüning hielt wenige Tage nach dem Geheimgespräch mit Hitler eine Rede im Reichstag (am 16. Oktober 1930), die geradezu das Muster für regierungsamtliche Täuschungsmanöver darstellt:

> „Die Reichsregierung hat einen großen Wirtschafts- und Finanzplan aufgestellt zur Überwindung der Krise. Die einzelnen Gesetzesvorlagen werden dem Reichsrat schon in den allernächsten Tagen unterbreitet werden. Voraussetzung für die Durchführung dieser großen Wirtschafts- und Finanzplanung, um die die Reichsregierung mit allen parlamentarischen Mitteln kämpfen wird (lebhafte Zurufe von den Kommunisten: ‚Lohnabbau! Artikel 48'. Glocke des Präsidenten. Präsident Löbe: ‚Meine Herren, ich bitte nicht dauernd zu unterbrechen!' Zurufe von den Kommunisten), ist die Nichtaufhebung der Notverordnung des Herrn Reichspräsidenten vom 26. Juli 1930... Die Grundlinien des Reformplanes der Reichsregierung sind ein vollkommen ausgeglichener Haushaltsplan für 1931, Selbständigmachung der Arbeitslosenversicherung, Sparsamkeit auf allen Gebieten, auch an den Gehältern, Vereinfachung des behördlichen Apparates, insbesondere auf dem Gebiete der Steuerverwaltung, eine Steuerpolitik, die den Produktionsprozeß nicht unerträglich belastet, vielmehr die Kapitalbildung auch bei den kleinen Sparern fördert, und schließlich die Vor-

bereitung eines endgültigen Finanzausgleichs zwischen Reich, Ländern und Gemeinden..." (Verhandlungen des Deutschen Reichstages, V. Wahlperiode 1930, Band 444, Stenographischer Bericht, Seite 17/18.)

Man vergleiche Ton und Inhalt dieser Rede mit den Worten, die er Hitler gegenüber fand, und man wird mißtrauischer gegenüber mancher wohlklingenden Rede heutiger Parlamentarier.

Rüstung und Revanche

Die Weltkrise nützen, um Deutschlands Aufrüstung durchzusetzen und die Welt unter Druck zu setzen – so wahnwitzig dies klingt, es war das unverrückbare Ziel von Reichswehr, Industrie und Großfinanz, seit der erste Anlauf zur Eroberung der Weltherrschaft 1918 gescheitert war.

Bereits unmittelbar nach der Niederlage 1918 formulierte der Chef der Reichswehr, General v. Seeckt:

> „Wir müssen wieder mächtig werden, und sobald wir wieder Macht haben, nehmen wir uns natürlich alles wieder zurück, was wir verloren haben" (Fr. v. Rabenau, „Seeckt, aus seinem Leben" Leipzig, 1940, Seite 117)

Und Schleicher, Hitlers Vorgänger im Kanzleramt, am 20. Dezember 1918 – einen Monat nach der Niederlage – vor Generalstabsoffizieren in Berlin:

> „Zuerst müsse man im Innern die Regierungsgewalt wieder aufrichten. Auf der Basis der wiederhergestellten Ordnung müsse man sodann zur Gesundung der Wirtschaft kommen. Erst auf den Schultern einer aus den Trümmern wiederaufgebauten Wirtschaft könne alsdann nach langen mühevollen Jahren an die Wiedererrichtung der äußeren Macht herangegangen werden." (zitiert nach Hallgarten, „Hitler, Reichswehr und Industrie", Frankfurt/M. 1955, Seite 83)

Kurz darauf, 1919, sprach der zweite Mann der kaiserlichen Armee nach Hindenburg, General Groener, direkt aus, worum es gehen müsse, wenn die „äußere Macht" wiederhergestellt sei: um die Weltherrschaft. Groener:

> „Wenn man um die Weltherrschaft kämpfen will, muß man dies von langer Hand her vorausschauend mit rücksichtsloser Konsequenz vorbereiten... Dazu gehört aber, daß der Grund und Boden, auf dem man steht, im Innern wie nach außen, fest und unerschütterlich bleibt." (Groener-Geyer, „General Groener", Frankfurt/M. 1955, Seite 143)

Dieses Zitat könnte auch aus Hitlers „Mein Kampf" stammen – aber es stammt aus dem Munde des Mannes, der in der angeblich demokratischen Regierung Brünings Reichsminister war, dem die sozialdemokratischen Abgeordneten die Gelder für die Aufrüstung („zur Verteidigung") bewilligten, und über den der Hamburger SPD-Führer Meitmann sagte: „Lieber zehnmal mit Groener, als einmal mit den Kommunisten." Als die Generäle und Wehrwirtschaftsführer ihre Diktatur „fest und unerschütterlich" errichtet glaubten, fiel auch Meitmann ihrem Mordterror zum Opfer.

Am 7. September 1925 formulierte dann in einem vertraulichen Brief an den Sohn des 1918 davongejagten Kaisers Wilhelm II., den ehemaligen Kronprinzen Wilhelm von Hohenzollern, der Reichsaußenminister Stresemann:

> „Die deutsche Außenpolitik hat nach meiner Auffassung für die nächste absehbare Zeit drei große Aufgaben:
>
> Einmal die Lösung der Reparationsfrage in einem für Deutschland erträglichen Sinn und die Sicherung des Friedens, die die Voraussetzung für eine Wiedererstarkung Deutschlands ist.
>
> Zweitens rechne ich dazu den Schutz der Auslandsdeutschen, jener zehn bis zwölf Millionen Stammesgenossen, die jetzt unter fremdem Joch in fremden Ländern leben.
>
> Die dritte große Aufgabe ist die Korrektur der Ostgrenzen: die Wiedergewinnung Danzigs, des polnischen Korridors und eine Korrektur der Grenze in Oberschlesien.
>
> Im Hintergrund steht der Anschluß von Deutsch-Österreich...
>
> Wollen mir Eure Kaiserliche Hoheit Gelegenheit geben, über diese Fragen in einer ruhigen Stunde sprechen zu können, so stehe ich gern zur Verfügung." (Gustav Stresemann, Vermächtnis. Hrsg. von H. Bernhard, Berlin 1932, II/553ff.)

Was Stresemann „Seiner Kaiserlichen Hoheit" vorschlug (als Minister, der auf die Republik vereidigt war!), versuchte Hitler dann zu realisieren. Wilhelm II., Stresemann, Brüning, Hitler – bei allen sonstigen Unterschieden, in der außen- und militärpolitischen Methode, im Ziel gingen sie konform. Hinter ihnen standen jeweils dieselben Kräfte: Schwerindustrie, Großbanken, Generalität. Von daher ist auch jenes angebliche „Phänomen" verständlich, daß der Staatsapparat der Hohenzollern zum Staatsapparat der Republik, und dieser wieder zum Staatsapparat Hitlers wurde. Und die Gefahr für die Entwicklung der Bundesrepublik liegt darin, daß ihr Staatsapparat wiederum, vor allem in Militär, Polizei und Justiz, zu einem erheblichen Teil aus der Hitlerdiktatur stammt.

Die Ziele waren bei Wilhelm II., Stresemann, Brüning und Hitler nicht wesensverschieden; verschieden war die weltpolitische Machtkonstellation.

Verschieden war die Einschätzung, welche Methoden man einschlagen solle: Gewalt oder „Verständigung“ nach außen; Zerschlagung oder Ausnutzung des Parlamentarismus und der Sozialdemokratie im Innern.

Dieselben Großbanken, dieselben Industriekonzerne gaben 1910 wie 1925, 1935 wie 1960 und heute den Ton an. Derselbe Ton klingt darum auch durch die amtlichen Parolen. Die Aufrüstung der Bundeswehr wurde mit dem „Willen zur Abrüstung“ vorbereitet, dann getarnt, und schließlich begründet. Bei Brüning lautet das so:

> „Psychologisch und taktisch proklamierten wir die Forderung absoluter Gleichberechtigung in der Hülle stärkster Abrüstungsforderung.“ (Brüning, Seite 441)

1931 erreichte er, daß die SPD nicht gegen den Bau des zweiten Panzerkreuzers der Reichsmarine stimmt, womit die Politik der Wiederaufrüstung endgültig gesichert wird:

> „Zum erstenmal in der Geschichte der SPD war es gelungen, zu verhindern, daß sie gegen eine Aufrüstungsvorlage stimmte. Es war eine entscheidende Wendung für die ganze zukünftige Entwicklung im deutschen Volke.“ (a.a.O., Seite 260)

Dem Dr. Heinrich Brüning, der sich 1934 schon in der Emigration befindet, ist die Aufrüstung so wichtig, daß er gar nicht die Ungeheuerlichkeit bemerkt, noch immer diesen Schritt zum Hitlerkrieg als „entscheidende Wendung“ zu begrüßen.

Wie übrigens hat er die SPD zu dieser „Wendung“ veranlaßt?

> „Ich ließ den Sozialdemokraten mitteilen, daß ich fest entschlossen sei zurückzutreten, falls ich bei der Panzerkreuzervorlage keine Mehrheit im Reichstag erhielte.“ (ebenda)

Die Sozialdemokraten hätten der Aufrüstung Widerstand leisten können, sie hätten zusammen mit dem linksstehenden Bürgertum und den Kommunisten sogar einen Volksentscheid gegen den Panzerkreuzerbau einleiten können, was die Kommunisten vorher ohne Erfolg allein versucht hatten. Sie gingen stattdessen „um Schlimmeres zu verhüten“ den Weg weiter, der zu 1933 und schließlich zum Zweiten Weltkrieg führte.

Reichskanzler Brüning ist ein abschreckendes Beispiel dafür, wohin es führte, daß in Preußen-Deutschland Rüstung und Militär höher standen als Demokratie und Volkswohl. Noch nach seinem Sturz rühmte er sich, daß ihm der Panzerkreuzer wichtiger war als die Bekämpfung der Wirtschaftskrise: Als Hindenburg ihn am 30. Mai 1932 in die Wüste schickt, marschiert eine Ehrenkompanie der Reichsmarine vor dem Präsidentenpalais auf –

> „Mein Abgang wurde so noch mit einer Demütigung für mich gefeiert. Gefeiert von der Truppe, die ich in wochenlangem Ringen im Sommer

1931 vor der Einschränkung ihrer Rüstung gerettet hatte. Für die ich mit Rücksicht auf ihre Zukunft gewagt hatte, vielleicht die letzte Chance zur Vermeidung der Bankenkrise nicht zu nutzen." (a.a.O., Seite 602)

In dieses mörderische Rüstungskarussell ließ sich die SPD-Führung einspannen. Unter strengster Geheimhaltung beteiligten sich Führer dieser Partei schon 1931 an geheimen Mobilmachungsvorbereitungen. Brüning rühmt sich, daß es ihm 1931 gelang,

„etwas zu erreichen, was das Reichswehrministerium nie für möglich gehalten hätte, nämlich einen Geheimbefehl Brauns und Severings an alle Oberpräsidenten und Regierungspräsidenten, in aller Stille gemeinsam mit der Reichswehr, den Landesschutz in allen preußischen Provinzen aufzubauen, geheime Mobilmachungsvorbereitungen, geheime Bezirksämter und Stammrollen einzuführen und Freiwillige aus allen Parteien mit Ausnahme der Kommunisten für einen fest organisierten geheimen Landesschutz zu werben." (a.a.O., Seite 247)

SA und SS wurden in diese geheim aufgestellte Armee einbezogen – „kleineres Übel". Zu einer Zeit, da (wie heute) die Öffentlichkeit glaubte, die Armee sei viel zu schwach, um einen Krieg zu führen, das Land werde parlamentarisch regiert, und alles unterstehe der Kontrolle des Parlamentes, darunter auch der sozialdemokratischen Abgeordneten, in dieser Zeit bereits organisierte man die geheime Mobilmachung für den nächsten Krieg. Worum ging es?

„Revision der territorialen Lösungen des Versailler Vertrages." (a.a.O., Seite 435)

„Rückgliederung der Saar und des Gebietes von Eupen-Malmedy sowie Revision unserer Ostgrenzen." (a.a.O., Seite 500)

Am 10. Januar 1932 verhandelt Brüning mit Hugenberg, der vorher mit Hitler gemeinsam die „Harzburger Front", das Rechtskartell der damaligen Zeit, gebildet hatte. Hugenberg fragte ihn, was geschehen würde, wenn der Völkerbund sich gegen Deutschlands Aufrüstung wende.

„Darauf erklärte ich, daß wir in dem Fall die Abrüstungskonferenz verlassen und aufrüsten würden." (a.a.O., Seite 503)

Im April 1932, auf der Abrüstungskonferenz selbst, trägt er dem englischen Ministerpräsidenten Mac Donald heuchlerisch den Antrag vor, daß man

„uns die Freiheit gäbe, Versuchstypen für die schweren Angriffswaffen zu konstruieren"

und ergänzt in Klammer für den Leser:

(„Die wir übrigens seit Jahren hatten.")

Selbst für den Fall, daß seine Heuchelei aufgedeckt würde, hatte er bereits einen neuen Betrug parat:

> „Wenn die Franzosen wirklich Kenntnis von all unseren Vorbereitungen hatten, so konnte die Auswirkung ihrer Veröffentlichung in dramatischer Form für uns eine katastrophale Wendung bedeuten. Ich hatte mir vorgenommen, falls eine solche Rede käme, mich sofort zu Wort zu melden und die Versammlung zu fragen, ob sie Agentennachrichten des französischen Generalstabes mehr Vertrauen schenke als mir, der ich den Mut gehabt hätte, gegen starke Widerstände die SA und SS mit Gewalt aufzulösen." (Brüning, Seite 561)

Diese Auflösung von SA und SS dauerte in Wirklichkeit nur wenige Wochen! Das Brüning-Zitat aber läßt die Frage aufkommen, ob jene Maßnahme zur Tarnung der geheimen Aufrüstung dem Ausland gegenüber durchgeführt wurde.

Jedenfalls rühmt sich Brüning, noch im Juni 1934, als Hitler schon über ein Jahr lang Kanzler war, für die Aufrüstung der Hitlerwehrmacht eingetreten zu sein. Dem englischen Präsidenten der Abrüstungskonferenz, Henderson, und dem amerikanischen Abrüstungsbeauftragten Norman Davis erklärte er 1934 im Hause des britischen Nazifreundes Lord Astor,

> „daß die Reichswehr friedlich sei, und, wenn man ihre Forderung für eine rein defensive Aufrüstung befriedige, der Friede in Europa besser gesichert sei als durch Ablehnung ihrer Forderungen." (ebenda)

Wenige Jahre später marschierte die Wehrmacht. Und weitere 20 Jahre danach begann dasselbe Spiel um die Aufrüstung der Bundeswehr, mit zum Teil denselben Generälen und denselben Politikern, von neuem.

Rechtsbeugung und Hochverrat

Am 11. Oktober 1931 war in Bad Harzburg die sogenannte „Harzburger Front" gebildet worden, das Rechtskartell der Weimarer Republik, das die Bresche zur Errichtung der Hitler-Diktatur schlagen sollte. Teilnehmer der Gründungskundgebung waren die NSDAP Hitlers, die Deutschnationale Volkspartei Hugenbergs, der „Stahlhelm", der Reichslandbund, der revanchistische „Alldeutsche Verband"; als Einzelpersonen und Repräsentanten des Militärs bzw. der Konzerne traten auf: Generaloberst von Seeckt, langjähriger Chef der Reichswehr; Admiral von Trotha; Prinz Eitel Friedrich von Hohenzollern; der langjährige Reichsbankpräsident Hjalmar Schacht; die Konzernvertreter Blohm, Winnacker, Poensgen, Schlenker und andere. In ihrem Programm verlangten sie

> „den sofortigen Rücktritt der Brüning und Braun... die Wiederherstellung der deutschen Wehrhoheit und Rüstungsausgleich. Einig stehen

> wir zu diesen Forderungen. Geächtet ist jeder, der unsere Front zerreißen will. Wir beschwören den durch uns gewählten Reichspräsidenten von Hindenburg, daß er dem stürmischen Drängen von Millionen vaterländischer Männer und Frauen, Frontsoldaten und Jugend entspricht und in letzter Stunde durch Berufung einer wirklichen nationalen Regierung den rettenden Kurswechsel herbeiführt." (Deutscher Geschichtskalender, Leipzig 1932, Seiten 461 bis 462; zitiert nach „Geschichte der deutschen Arbeiterbewegung", Berlin 1966, Band 4, Anmerkung 81.)

Wenige Tage zuvor hatten die führenden Unternehmerorganisationen weitere sozialreaktionäre Maßnahmen von Brüning verlangt. Brünings Reaktion: Durch eine neue Notverordnung wurden die Löhne und Gehälter um 10 bis 15 Prozent gekürzt, der Anspruch auf Arbeitslosenversicherung eingeschränkt, die Betriebsrätewahlen für das Jahr 1932 ausgesetzt.

Und – am 10. Oktober 1931, einen Tag vor dem Aufmarsch der „Harzburger Front" – empfing Brüning Hitler erneut zu einer Geheimbesprechung. Wieder bot er ihm ein gemeinsames Doppelspiel an zur Täuschung der Öffentlichkeit, zur „Abwehr des Kommunismus". Wörtlich:

> „Ich käme über den schwersten aller deutschen Winter hinweg, wenn er bis dahin, noch in der Opposition bleibend, ein Gegengewicht gegen den Kommunismus schaffen helfe, der nur dann während dieses Winters zu einer ernsthaften Gefahr werden könnte, wenn bereits vorher eine Rechtsregierung bestehe." (Brüning, Seite 391.)

„Noch" soll Hitler in der Opposition bleiben. Denn wenn eine Rechtsregierung gebildet würde, dann würden die durch die Krise verarmten Massen zu den Kommunisten übergehen; deswegen will Brüning unter Ausnutzung der SPD den Winter ohne eine solche Rechtsregierung durchstehen. Wie er es ein Jahr zuvor schon einmal Hitler vorgeschlagen hat: „Zuerst versteckt und dann offen" mit ihm zusammenarbeiten, zunächst aber die SPD „verbrauchen". Dieses Wort „verbrauchen" stammt von Brüning selbst.

Mag sein, daß Brüning sich einbildete, er könne im Endergebnis auch Hitler „verbrauchen", wie er es mit der SPD tat. Tatsächlich hat er aber genau die Entwicklung gefördert, die in den Direktionsbüros und in der Reichswehr gewünscht wurde. Und schließlich, als er seine Aufgabe erfüllt hatte, wurde er genauso bedenkenlos geopfert, wie vor ihm der Sozialdemokrat Hermann Müller, als dessen Nachfolger er sich nach der Aussprache mit Schleicher ein Jahr lang bereit gehalten hatte.

Das interne Zusammenspiel mit den Nazis funktionierte. Im April 1932 kam Hermann Göring als Beauftragter Hitlers zu Brüning:

> „Unter vier Augen könne er mir vertraulich mitteilen, daß Hitler und seine Freunde gegen meine Außen- und Wirtschaftspolitik im Grunde

gar nichts einzuwenden hätten. Ich solle ihre scharfe Agitation im Lande gegen mich nicht als gegen meine Person oder gegen meine persönliche Politik gerrichtet auffassen." (a. a. O., Seite 272)

Bei alledem war Brüning nicht nur mit der Industrie und den Großbanken einig, sondern auch mit dem damaligen Kardinalstaatssekretär in Rom, Pacelli, dem späteren Papst Pius XII. Von seinem Besuch im Vatikan schreibt Brüning:

„Pacelli meinte, ich müsse eben mit Rücksicht auf ein Reichskonkordat eine Regierung der Rechten bilden." (a. a. O., Seite 358)

Und gleich darauf noch einmal:

„Er glaubte, mir wieder eine Einigung mit den Nazis wünschen zu müssen." (a. a. O., Seite 359)

Brüning seinerseits empfiehlt dem Papst, sich mit den italienischen Faschisten zu verbünden:

„Deshalb hielt ich es für notwendig, daß in einem Augenblick, wo das bolschewistische Denken unter roter oder anderer Farbe um sich greife, der Vatikan mit Mussolini zu einer Versöhnung käme." (a. a. O., Seite 360)

Das alles waren keineswegs nur theoretische Redensarten. Der Reichskanzler Brüning bestätigt selbst, daß er Recht und Gesetz brechen half, um den Terror und den Landesverrat der Nazipartei zu decken. Im Jahre 1931 hatte Göring im Rahmen des Bündnisses zwischen den italienischen und den deutschen Faschisten so intime Beziehungen zu Mussolinis Botschafter in Berlin aufgenommen, daß im Reichswehrministerium die Beschuldigung des Hoch- und Landesverrats gegen ihn ausgesprochen wurde. Brünings Reaktion:

„Ich ließ mir Briefe von Schleicher und (Staatssekretär) Bülow geben, die Görings Ehre retteten, und die ich ihm in Abschrift zusandte. Er dankte dafür schriftlich." (a. a. O., Seite 275)

Brüning weiß sehr wohl, was er damit getan hat. Er selbst kommentiert, daß,

„wenn es sich um einen KPD-Abgeordneten gehandelt hätte, dieser wahrscheinlich verhaftet worden wäre". (ebenda)

Otto Buchwitz, Vorsitzender des damaligen Bezirks Niederschlesien der SPD, berichtet:

„Etwa um die Mitte des Jahres 1932 hatten mir unsere treuen Landarbeiter acht geheime Waffenlager gemeldet, welche SA und SS auf junkerlichem Grundbesitz eingelagert hatten. Darunter waren Kisten mit Handgranaten und Maschinengewehren. Wiederum ging ich zu Severing und forderte Aushebung der Lager und Aushändigung an das

Reichsbanner. Severing erklärte, daß er dies nicht könne, er würde mir aber einen Hauptmann der Breslauer Reichswehr senden, dem solle ich die Lager angeben, und er würde die Waffen sicherstellen, damit sie den Händen der Nazis entzogen würden. Ich lehnte ab, da ich zur Reichswehr nicht das geringste Vertrauen hatte.

In einer Versammlung in der ‚Stadthalle' in Görlitz sagte ich in meinem Referat, daß mir sehr wohl bekannt sei, daß geheime Waffenlager bei den schlesischen Junkern vorhanden seien, ob die Regierung nicht dagegen einschreiten wolle? Kurze Zeit danach erhielt ich von dem Kommandeur der Reichswehr in Breslau ein Schreiben, in welchem ich zwar höflich, aber doch mit versteckter Drohung ersucht wurde, in Versammlungen nicht über solche Waffenlager zu sprechen. Wiederum nach einigen Tagen erschien bei mir ein Hauptmann der Breslauer Reichswehr (den Namen habe ich vergessen, da ich leider nie Tagebuch führte); dieser stellte sich als Vertrauensmann des Preußischen Innenministeriums vor und ersuchte mich, ihm die mir bekannten Waffenlager zu nennen. Das lehnte ich mit dem Hinweis ab, daß er sie wohl besser kenne als ich. Er meinte, es könne doch sein, daß die Nazis Waffenlager besäßen, von denen die Reichswehr keine Kenntnis habe. Ich schlug – wie man im Volksmund sagt – auf den Strauch, zog mein Notizbuch, in welchem aber die mir bekannten Waffenlager nicht eingetragen waren, zitierte aus dem Gedächtnis zwei davon und nannte alsdann eine Reihe Junker, von denen ich wußte, daß SA-Abteilungen auf ihren Gütern untergebracht waren.

Prompt fiel der Hauptmann darauf herein und nannte von sich aus eine Reihe anderer Güter, wo solche Lager seien, die ich noch nicht kannte. Der Hauptmann erklärte zum Schluß, daß er die Lager ausheben und bei der Reichswehr sicherstellen würde. Was begab sich nun? Ich beauftragte unsere Genossen Landarbeiter, scharf zu beobachten, ob die Waffen geholt und von wem und wohin sie gebracht würden. Sehr bald liefen Meldungen ein, daß die Reichswehr die Waffen geholt und sie in die Infanteriekaserne in Görlitz gefahren hätte. In derselben Stunde beauftragte ich Görlitzer Genossen, diese Kaserne zu beobachten und zu ermitteln, ob die Waffen in den Kasernen eingelagert wurden. Schon am anderen Morgen kam die erste Meldung: Jene Waffen wurden nicht erst entladen, sondern bei Morgengrauen nach einem anderen Gutshof gefahren. Radfahrer hatten den Vorgang überwacht und mir Meldung überbracht. Dasselbe stellten unsere Genossen im Liegnitzer, Hirschberger und Glogauer Kreise fest." (Otto Buchwitz, Seite 136ff.)

1932 nahm Reichskanzler Brüning dann den Organisator der Judenprogrome auf dem Berliner Kurfürstendamm und säteren Teilnehmer an der Reichstagsbrandstiftung, den SA-Führer Graf Helldorf, unter seinen Schutz. Nachdem Helldorfs SA jüdisch aussehende Passanten auf dem

Kurfürstendamm brutal mißhandelt und zusammengeschlagen hatte, erschien während des daraufhin eingeleiteten Gerichtsverfahrens Goebbels in der Reichskanzlei:

„Er erzählte mir, sein Freund, Graf Helldorf, schwebe in großer Gefahr. Sein Chauffeur sei schon verurteilt, das Verfahren gegen Helldorf wegen dessen Nichterscheinen abgetrennt, aber eine neue Verhandlung gegen den Grafen von denselben Richtern anberaumt, so daß seine Verurteilung sicher wäre, da der Chauffeur schon vorher aufgrund der gleichen Vernehmung verurteilt worden sei. Ich erklärte Goebbels, daß ich eine Verhandlung des Sonderprozesses gegen Helldorf von denselben Richtern nicht für das richtige hielte. In ein schwebendes Verfahren könnte ich aber nicht eingreifen. Darauf bat ich ihn zu warten, ließ Joel und Weißmann (Staatssekretäre der Justiz und des Innern) kommen und fand zusammen mit ihnen einen Ausweg, ohne eine Verletzung der Gerichtsverfassung den Prozeß Helldorf zu verschieben, so daß er von anderen Richtern verhandelt werden mußte." (Brüning, Seite 411)

Der gesamte Staatsapparat einschließlich der Justiz wurde also in Gang gesetzt, um das Recht zugunsten nazistischer Verbrecher zu beugen. Das Zusammenspiel ging bis zur Straffreiheit für offenen Hochverrat. Am 25. November 1931 übergab der ehemalige Hitleranhänger Dr. Schäfer der Polizei des sozialdemokratischen Innenministers Leuchner in Hessen die Beweise, daß der Naziführer Dr. Best Geheimpläne ausgearbeitet hatte, die in allen Einzelheiten die Durchführung eines Putsches, die Errichtung der Diktatur, Massenverhaftungen, Konzentrationslager und Hinrichtungen vorsahen. Da die Beratungen der Nazis über diese Dokumente in der Gastwirtschaft „Boxheimer Hof" in Lampertheim stattgefunden hatten, wurden sie als „Boxheimer Dokumente" bezeichnet.

Nach diesem Projekt sollten zu gegebener Zeit durch öffentlichen Anschlag folgende Diktaturmaßnahmen in Kraft gesetzt werden:

„Die seitherigen Träger der Staatsgewalt im Reiche wie im Lande sind durch die Ereignisse der letzten Tage (Wochen) weggefallen [...] Ortnende Macht steht z. Z. allein bei den... (SA, Landeswehren u. ä.) [...]

Als Befehlshaber der ... (SA, Landeswehren u. ä.) in ...(Starkenburg, -Rheinhessen, -Oberhessen) gebe ich deshalb folgenden Befehl an die gesamte Bevölkerung des Landes bekannt:

1. Jeder Anordnung der ... (SA, Landeswehren o. ä.), gleich von welchem Dienstgrad erteilt, ist sofort Folge zu leisten. Widerstand wird grundsätzlich mit dem Tode bestraft. Die Feldgerichte können beim Vorliegen besonderer Umstände andere Strafen verhängen.

2. Jede Schußwaffe ist binnen 24 Stunden an die ... (SA, Landeswehren o. ä.) abzuliefern. Wer nach Ablauf dieser Frist im Besitz einer

Schußwaffe betroffen wird, wird als Feind der ... (SA, Landeswehren o. ä.) und des deutschen Volkes ohne Verfahren auf der Stelle erschossen.

3. Jeder im Dienste öffentlicher Behörden oder öffentlicher Verkehrsanstalten stehende Beamte, Angestellte und Arbeiter hat sofort seinen Dienst wieder aufzunehmen. Widerstand und Sabotage wird mit dem Tode bestraft.

An die Stelle er obersten Staatsbehörden (Ministerien) tritt die Führung der ... (SA, Landeswehren o. ä.), vertreten durch mich.

4. Die von der Führung der ... (SA, Landeswehren o. ä.) erlassenen Notverordnungen haben für jedermann mit dem Tage ihrer Veröffentlichung durch Anschlag Gesetzeskraft. Verstöße gegen diese Notverordnungen werden in besonders schweren Fällen über die in ihnen bestimmten Strafen hinaus mit dem Tode bestraft." (Dokumente 1929/1933, Seite 46)

Nach diesen Mord- und Putsch-Plänen schien das Verbot der Hitler-Partei unvermeidlich. Aber wieder intervenierte der auf die Verfassung vereidigte Kanzler zugunsten der faschistischen Terroristen:

„Nach einer Besprechung mit Joel (Justizminister) und Groener (Reichswehrminister) erhielt der Oberreichsanwalt die Anweisung, in der Angelegenheit vorsichtig vorzugehen und vor allem den Anschein zu vermeiden, als überschätze die Reichsregierung die Bedeutung dieser Dokumente. Der Oberreichsanwalt übergab dem Leipziger Vertreter der Telegraphenunion eine Darstellung, in der festgestellt wurde, daß das Vorgehen der Darmstädter Polizei nicht auf seine Veranlassung hin geschehen sei... Deshalb müsse sorgfältig geprüft werden, ob die Tatsache des Hochverrats wirklich vorliege..." (Brüning, Seiten 463/464)

Ein Prozeß gegen Best wurde nie durchgeführt, geschweige denn ein Hochverratsverfahren gegen die NSDAP. An Dr. Schäfer nahmen die Nazis blutige Rache. Kurz nach Hitlers Amtsantritt als Reichskanzler wurde die Leiche Schäfers an einem Bahndamm zwischen Frankfurt und Neu-Isenburg mit sieben Gewehrschüssen im Rücken aufgefunden.

Dr. Best wurde später Chef der Gestapo, dann Hitlers Bevollmächtigter im besetzten Dänemark. Dort wurde er als Kriegsverbrecher zum Tode verurteilt, dann begnadigt – und als Syndikus beim Stinnes-Konzern in Düsseldorf eingestellt. Nach einer kurzen Wiederverhaftung wegen der begangenen Massenmorde wurde er im Frühjahr 1971 erneut auf freien Fuß gesetzt.

Die Unterdrückung des Verfahrens gegen Best und gegen die NSDAP fand 20 Jahre später ihre Neuauflage, als 1951 die Polizei des sozialdemokratischen Ministerpräsidenten Zinn in Hessen Mordpläne des „Bund deutscher Jugend" aufdeckte.

Auf der Liste der zu Ermordenden stand obenan Ministerpräsident Georg August Zinn (SPD). Ihm folgte Pastor Niemöller, dann die beiden kommunistischen Bundestagsabgeordneten Oskar Müller und Walter Fisch. (Unter den übrigen Todeskandidaten des BDJ war auch der Autor dieses Buches angeführt.)

Als Redner auf den Kundgebungen des BDJ trat ein Bundestagsabgeordneter auf: Kurt Georg Kiesinger, ehemals NSDAP, nun CDU, später Bundeskanzler der Bundesrepublik Deutschland.

Eine weitere Neuauflage gab es, als die „Abendländische Akademie" aufflog, der so prominente Mitglieder wie der CDU-Bundestagspräsident Gerstenmaier und die CDU-Minister von Merkatz und von Brentano angehörten. Diese Vereinigung hatte ungeachtet aller auf die Verfassung geschworenen Eide das Motto aufgestellt: „Besser die Herrschaft des Säbels als die Herrschaft des Pöbels." Beide Verfahren, gegen den BDJ wie gegen die „Abendländische Akademie", wurden vom Bundesanwalt eingestellt. Das Vorbild hatte Brüning geliefert...

Dieser ging keinen Augenblick von dem Gedanken ab, Hitler und dessen Partei in die Regierung zu bringen. Am 24. September 1931 erklärte er, seiner eigenen Aufzeichnung nach, General Schleicher gegenüber:

> „Ich hätte keine Bedenken dagegen, die Nazis nach den im Frühjahr stattfindenden Wahlen zu den meisten Länderparlamenten an den Regierungen zu beteiligen." (a.a.O., Seite 400)

Einen Monat später:

> „Am 29. Oktober hatten Schleicher und Hitler mit meiner Billigung eine Aussprache... Zwei Tage später wurden auf einer Zentrumsversammlung in Münster und auf einer nationalsozialistischen Kundgebung in München Reden gehalten, die weitere Brücken schlagen sollten." (a.a.O., Seite 461)

Im November 1931 verhandelt Brüning mit den Führern des Zentrums in Hessen:

> „In beiden Unterhaltungen legte ich vertraulich auseinander, daß ich es für wünschenswert hielte, wenn die hessische Zentrumspartei in vorsichtiger Weise ein Experiment mit den Nazis für die Regierungsbildung versuchen würde. Hessen schien mir dafür besonders geeignet, weil Zentrum und Nazis über eine große Mehrheit für sich allein verfügten." (a.a.O., Seite 465)

„Weltrekord an Lohnkürzungen"

Derselbe Mann, der diese Pläne hatte und die Entwicklung der Dinge in dieser Richtung vorantrieb, bemühte sich – unglücklicherweise mit Erfolg –, die Sozialdemokratische Partei und die Gewerkschaften bis zu ihrem Untergang hinter sich herzuziehen. Wir haben aus seiner eigenen Feder erfahren, daß er bereits am 6. Oktober 1930 insgeheim mit Hitler darüber verhandelte, die Wirtschaftskrise bewußt zu verschärfen und die Aufrüstung voranzutreiben, um nach außen eine Veränderung der Grenzen und im Innern die Abschaffung der Republik, die Wiedereinführung der Monarchie durchsetzen zu können.

24 Stunden vor dieser Verhandlung mit Hitler aber, am 5. Oktober 1930, hatte er die Führung der SPD darauf festgelegt, ihn zu unterstützen gegen deren eigene Parteimitglieder. Immer unter dem Vorwand, damit angeblich Hitler von der Macht fernzuhalten.

> „Am 5. Oktober begann Hilferding in der für die gemäßigten Führer der SPD besonders gefährlichen Berliner Bezirksversammlung den Kampf für die Reichsregierung." (a. a. O., Seite 191)

Während er den sozialdemokratischen Anhängern vorgaukeln ließ, es gehe um den Kampf gegen Hitler, sprach er gegenüber Hugenberg, dem Helfershelfer Hitlers, offen aus, daß es in Wirklichkeit darum gehe, die reaktionären und faschistischen Kräfte vor der Enttäuschung der Volksmassen zu sichern und statt dessen die SPD zu „verbrauchen". Wörtlich:

> „Der Wechsel in der Regierung gleich nach der Annahme des Young-Planes, ohne daß vorher die SPD hätte gezwungen werden können, selbst an die Sanierung der Finanzen heranzugehen, habe schon damals zu früh konservative Kräfte verbraucht." (a. a. O., Seite 375)

Er will Schritt um Schritt die Sozialdemokratie mit der Verantwortung für seine reaktionären Maßnahmen belasten und gleichzeitig – in dem Maße, wie sich die SPD-Führung verbraucht – die Regierungspolitik nach rechts entwickeln.

Die Führung der SPD aber ging mit ihm durch dick und dünn.

Otto Buchwitz berichtet:

> „Zuerst rieb Hitler die kleineren Parteien auf. Millionen Wähler aus dem Lager der gesamten bürgerlichen Parteien folgten seinen Fahnen. Bereits 1930 mußte ich in meinem Wahlkreis feststellen, daß die Nazis auch einen beachtlichen Einbruch in Arbeiterkreise, in die Gewerkschaften vollzogen hatten. Ich erschrak. Als ich im Reichstag bei einer persönlichen Unterhaltung meine Feststellung Wels, Severing und Landsberg mitteilte, meinte Landsberg: ‚Lieber Buchwitz, ich habe schon drei antisemitische Wellen überlebt, und werde auch die vierte

überstehen.' Wels meinte: ,Nun fehlt bloß noch, daß du deswegen nervös wirst.' Severing hingegen meinte: ,Buchwitz hat schon recht. Die Nazis sind erstaunlich schnell in die Gewerkschaften eingedrungen, aber so lange ich die Polizei in Händen habe, ist keine Ursache zum Nervöswerden.'" (Buchwitz, Seite 129)

Max Seydewitz, der ebenfalls dem führenden Gremium der SPD angehörte, berichtet:

„In der Parteiausschußsitzung der SPD im September 1930, kurz vor der Reichstagswahl, hatten einige Bezirkssekretäre mahnend auf die in ihren Bezirken immer größer gewordene Aktivität der Nazis hingewiesen. Sie forderten, daß die Partei und die Gewerkschaften gegen die immer drohender gewordene faschistische Gefahr etwas Entscheidendes tun. Otto Wels verlangte von den Mahnern, keine Panik zu machen; dazu sei absolut kein Grund: ,Die Nazis werden bei der Wahl 30 bis 40 Mandate gewinnen. Was bedeutet das schon? Dadurch wird sich in Deutschland nicht viel ändern.' Und dann kam das damals von den sozialdemokratischen Parteiführern oft gebrauchte Schlagwort: ,Deutschland ist nicht Italien'; was den Faschisten in Italien gelungen sei, werde ihnen in Deutschland nie gelingen. So illusionär betrachtete der erste Vorsitzende der SPD im Herbst 1930 die Situation in Deutschland. Als dann die Nazis bei der Septemberwahl nicht 30, sondern 107 Mandate bekamen, folgte auf die zerplatzte Illusion der Schock. Die Parteiführung meinte, man müsse nun, um eine Regierung mit den Nazis zu verhindern, die Brüning-Regierung um jeden Preis am Ruder halten, ihre arbeiterfeindlichen Maßnahmen tolerieren und mit dieser, die bisherige Koalitionspolitik ersetzenden Tolerierungspolitik alles schlucken. Dabei wurden die Auswirkungen der Wirtschaftskrise für die Werktätigen immer drückender, ihr Lebensstandard verschlechterte sich weiter, und die Zahl der Arbeitslosen stieg höher und höher." (Seydewitz, Seite 203/204)

Währenddessen gab die SPD-Führung die Parole des Abwartens aus. Der Parteivorsitzende Otto Wels formulierte in seinem Neujahrsaufruf 1932:

„Die Nationalsozialisten können nicht warten. Wir können es! Wir haben diese schwerste Kunst politischer Strategie in harter Schule gelernt. Mögen von denen, die am Rande der Partei stehen, manche ungeduldig werden und davonlaufen. Unsere politisch geschulten Kerntruppen wissen, daß nur, wer warten, ja, vorübergehende Mißerfolge ertragen kann, den endgültigen Sieg gewinnt. Das Jahr 1932 wird vorübergehen, ohne daß es dem Faschismus gelingt, die Macht zu ergreifen. Seine enttäuschten Massen werden ebenso rasch die Propheten von heute verlassen, wie sie ihnen zugelaufen sind." („Vorwärts", Berlin, 1. Januar 1932)

Abgeschirmt durch diese beruhigende Propaganda verfolgte Brüning in Geheimverhandlungen mit der SPD-Führung seine Ziele weiter. Zur selben Zeit, da Otto Wels seinen Neujahrsaufruf im „Vorwärts" erscheinen ließ, glaubt Brüning die Führung der SPD reif:

„... hielt ich es für richtig, ganz offen und vertraulich mit dem preußischen Ministerpräsidenten sowie mit Severing und Hilferding über die Möglichkeit einer Schwenkung der Politik im Januar zu sprechen... Die Herren hatten weitgehendstes Verständnis für meine Auffassung, wenn auch große Sorge für die Weiterentwicklung. Sie ließen durchblicken, daß für sie eine legale Weiterentwicklung bis zur Monarchie kein unüberwindliches Hemmnis sein würde. Es würde Ihnen gelingen, ihre Massen schrittweise an diesen Gedanken zu gewöhnen, falls die Alternative gestellt würde: Nazidiktatur oder Monarchie. Jetzt war ich an dem Punkt angelangt, den ich die ganze Zeit angestrebt hatte." (Brüning, Seite 461/462)

Das hatte er von Anfang an erstrebt. Für ihn war die Sozialdemokratie eine Partei zur Zügelung der Arbeiterschaft, vor allem zur Bekämpfung der Linkssozialisten und der Kommunisten. Schon der kaiserliche Leutnant und spätere Freikorpsoffizier Brüning hatte das so gesehen:

„Nach dem Kriege war es für die Zukunft des deutschen Volkes von entscheidender Bedeutung, daß die Mehrheitsozialisten in dem Verzweiflungskampf gegen die USP (Linkssozialdemokraten) und KPD Sieger blieben." (a.a.O., Seite 53)

„So wurden die Gewerkschaften neben den neugebildeten militärischen Organisationen das stärkste Bollwerk gegen den Bolschewismus." (a.a.O., Seite 60).

Nachdem Brüning Reichskanzler geworden war, drückte er auf die sozialdemokratischen Minister in Preußen, mit allen Mitteln gegen die Kommunisten vorzugehen,

„ohne daß sie, aus Rücksicht auf die Reichsregierung, gleichzeitig scharfe Maßnahmen gegen die NSDAP treffen durften". (a.a.O., Seite 299)

Noch bei Abfassung seiner Memoiren 1934/35 rechnet er es sich als verdienst an, die sozialdemokratischen Minister und Abgeordneten auf den Weg geführt zu haben, der mit dem Untergang ihrer eigenen Partei endete. Er lobt diese SPD-Führer noch dafür, daß sie mit ihm gegen die Interessen der eigenen Mitglieder und Anhänger zusammengingen:

„Hilferding und Hertz von der SPD war es letzten Endes nicht so wichtig, mit welchen Parteien eine Regierung gebildet wurde. Ihnen kam es darauf an, eine Garantie für loyale Zusammenarbeit und eine verantwortungsbewußte Finanzpolitik zu schaffen... (Hilferding) versuchte vom realistischen wirtschaftlichen Gesichtspunkt aus einen sicheren

> Boden zu schaffen für den Kampf der sozialistischen Parteien gegen die Kommunisten." (a.a.O., Seite 115)

An dem preußischen Ministerpräsidenten Otto Braun rühmt er, wie dieser sich gegen seine eigene Partei mit Hindenburg zur Liquidierung der demokratischen Verfassungsbestimmungen verbündete:

> „Braun erklärte dem Reichspräsidenten kühn und entschlossen, obwohl er in dem Augenblick die Mehrheit seiner eigenen Partei nicht hinter sich hatte, daß seine Partei in der Notlage des Vaterlandes dem Reichspräsidenten ohne Rücksicht auf Agitation und Wahlen und ohne politische Bedingung für die Durchführung der Reformen zur Verfügung stehe." (a.a.O., Seite 199)

Auch dem preußischen Innenminister Severing bestätigt Brüning, daß er mit der Reaktion gegen die eigenen Genossen vorging:

> „Severing war jede Rücksicht auf seine eigene Partei gleichgültig. Er entschloß sich, Aufsichtskommissare von Staats wegen mit unbeschränkten Vollmachten selbst in den Gemeinden einzusetzen, wo seine eigenen Freunde tonangebend waren... Das Gemurre seiner eigenen Parteifreunde sei ihm dabei höchst gleichgültig." (a.a.O., Seite 208)

Als die SPD-Abgeordneten die Abänderung einer Notverordnung Brünings verlangten, in der dieser die Arbeitslosenunterstützung für die massenhaft von der Krise betroffenen Jugendlichen radikal gekürzt hatte, verschaffte sich der Kanzler das Einverständnis des SPD-Vorsitzenden Otto Wels gegen eine Einberufung des Reichstages:

> „Wels erklärte, obwohl fünf Sechstel der Fraktion für den Zusammentritt des Reichstages stimmen würden, sei er dagegen." (a.a.O., Seite 287)

Mit derselben Skrupellosigkeit benutzte Brüning die Gewerkschaftsführung, um seine Pläne durchzusetzen. Am 8. Dezember 1931 hatte er seine Notverordnung erlassen, in der es unter anderem hieß:

> „Falls die Lohn- oder Gehaltssätze eines ... laufenden Tarifvertrages höher liegen, als die des entsprechenden Tarifvertrages für den 10. Januar 1927, so gelten mit Wirkung vom 1. Januar 1932 die niedrigeren Lohn- und Gehaltssätze... Liegen die Lohn- oder Gehaltssätze des laufenden Tarifvertrages mehr als 10 vom Hundert über denen des entsprechenden Tarifvertrages für den 10. Januar 1927, so tritt lediglich eine Kürzung um 10 vom Hundert ein; bei Lohn- oder Gehaltssätzen, die seit dem 1. Juli 1931 nicht tarifvertraglich herabgesetzt worden sind, tritt anstelle des Satzes von 10 vom Hundert der Satz von 15 vom Hundert." (Dokumente zur Deutschen Geschichte, 1929 bis 1933, Seite 47)

Weniger als eine Woche brauchte Brüning, um auch die Gewerkschaften reif zu machen.

Er berichtet:

> „Am 14. Dezember mußten die Gewerkschaften zur Zustimmung für die Lohnsenkung gebracht werden. Es gelang. In einem Jahr waren die Löhne um durchschnittlich 20 bis 25 Prozent gekürzt worden... die Gewerkschaftsführer haben sich, insgesamt gesehen, in diesem Jahr von einer Verantwortlichkeit für das Vaterland gezeigt, wie sie die Führer anderer Berufe und Verbände nicht ein einziges Mal aufgebracht haben." (Brüning, Seite 480)

Der amerikanische Journalist H. R. Knickerbocker, damals ein Bestseller-Autor für Fragen der europäischen Wirtschaftspolitik, nannte das in seinem Buch „Kommt Europa wieder hoch?" den „Weltrekord an Lohnkürzungen". Man darf nicht übersehen, daß das Entstehen der von der KPD geförderten „Revolutionären Gewerkschafts-Opposition" (RGO) in dieser Lohnsenkungs-Politik und in der passiven Haltung der ADGB-Führung ihren Ursprung hatte, und daß die Fehler keineswegs nur auf der einen Seite zu suchen sind.

„Für das Vaterland" wurden die Löhne gesenkt. „Für das Vaterland" wurde aufgerüstet. „Für das Vaterland" mußten auch die Führer der SPD und der Gewerkschaften dazu gebracht werden, den kaiserlichen Generalfeldmarschall und ostelbischen Großgrundbesitzer, Paul von Hindenburg, erneut zum Reichspräsidenten zu wählen – der dann, neun Monate später, Hitler die Vollmacht zur Errichtung seiner Diktatur gab.

„Ich wähle Hindenburg"

Zunächst sollte versucht werden, Hindenburg ohne Volkswahl durch eine Zweidrittelmehrheit des Reichstages die Amtsverlängerung zu verschaffen. Da aber die Nazis und Deutschnationalen nicht im Anschluß an ein SPD-Votum für Hindenburg gestimmt hätten, forderte Brüning die sozialdemokratische Führung auf, sich ihrerseits an eine entsprechende Entscheidung der Nazis anzuhängen. Das Gespräch mit dem SPD-Vorsitzenden Wels und den SPD-Abgeordneten Breitscheid und Hilferding vom 7. Januar 1932 schildert er so:

> „Ich müßte Hitler den Vortritt lassen bei der Entscheidung für den Reichspräsidenten. Das könne und werde wahrscheinlich ein Wechsel in der Innenpolitik bedeuten. Trotzdem müßten sie unter allen Umständen im Interesse des Vaterlandes... ebenfalls für die Amtsverlängerung des Reichspräsidenten stimmen. Ich könne keine Garantie übernehmen, wie die Innenpolitik sich dann im einzelnen weiterent-

> wickeln wird... Ich müsse sogar die Zumutung an sie stellen, aus taktischen Gründen, mit ihrer Zustimmung zur Verlängerung der Amtszeit des Reichspräsidenten bis zum Letzten zu warten, das heißt, bis alle Parteien rechts von ihnen ihre Zustimmung zur Wiederwahl gegeben hätten... Wels bat mich dann noch auch mit den Führern der Freien Gewerkschaften zu sprechen, damit von dieser Seite der SPD keine Schwierigkeiten entstünden. Bei dieser Unterredung mit Graßmann, Leipert, Eggert fand ich ein hohes Maß an staatspolitischer Einsicht." (a.a.O., Seite 502)

Diese „staatspolitische Einsicht" trieb er bei den Gewerkschaftsführern so weit, daß sie, als die Sache im Reichstag nicht klappte, „ihre" Agitation für den Hindenburg-Wahlkampf mit ihm zusammen festlegten:

> „Von neun bis ein Uhr in der Nacht verhandelte ich mit den Führern des Gewerkschaftsbundes, um mit ihnen die Einzelheiten ihrer Agition für den Reichspräsidenten durchzusprechen und ihnen klarzumachen, daß trotzdem ihre Namen, außer dem des Deutschnationalen Handlungsgehilfenverbandes, nicht an die Adresse für den Reichspräsidenten erscheinen würden." (a.a.O., Seite 518)

Es ist bezeichnend, daß Brüning in seinen Erinnerungen mit keinem Wort darauf eingeht, daß die Kommunistische Partei Deutschlands die Losung ausgab: „Wer Hindenburg wählt, wählt Hitler, und wer Hitler wählt, wählt den Krieg", und daß sie mit dieser Losung recht behielt. Noch 1934 hält es Brüning für sein Verdienst, daß er die Führung der SPD und der Gewerkschaften dazu gebracht hatte, Hindenburg wieder zum Reichspräsidenten zu machen, womit die Tür für Hitler geöffnet war. Otto Braun, Ministerpräsident von Preußen und einer der prominentesten Führer der sozialdemokratischen Partei Deutschlands, rief öffentlich auf:

> „Ich habe den Reichspräsidenten kennengelernt als einen Mann, auf dessen Wort man bauen kann, als einen Menschen reinen Wollens und abgeklärten Urteils, erfüllt von Kantischem Pflichtgefühl, das ihn auch veranlaßt hat, trotz hohen Alters und seiner begreiflichen Sehnsucht nach Ruhe, erneut sich dem deutschen Volke zur Verfügung zu stellen und die schwere Bürde seines verantwortlichen Amtes zu übernehmen...
>
> Ich wähle Hindenburg und appelliere an die Millionen Wähler, die vor sieben Jahren für mich gestimmt haben und alle, die darüber hinaus mir und meiner Politik Vertrauen entgegenbringen: Tut desgleichen, schlagt Hitler, wählt Hindenburg." („Vorwärts", Berlin, 10. März 1932)

Und dies, wohlgemerkt wenige Monate, nachdem Brüning der SPD-Führung mitgeteilt hatte, er wolle – mit dem Monarchisten Hindenburg – die Republik abschaffen!

Als weiteres Beispiel für die Argumente, die SPD- und Gewerkschaftsführung in Brünings Auftrag verbreiteten, hier ein Auszug aus einem Artikel von Ernst Heilmann, Mitglied des SPD-Parteivorstandes, Abgeordneter des Reichstages und des preußischen Landtages sowie Mitglied des preußischen Staatsrates:

> „Wir mögen an Herrn von Hindenburg auszusetzen haben, was wir wollen, ein Reichspräsident des nationalsozialistischen Verfassungsbruchs und Blutregiments wird der Mann, den wir seit sieben Jahren als Reichspräsidenten kennengelernt haben, niemals sein. Seine Treue zu Brüning muß dafür letzter Beweis sein." („Das freie Wort", Berlin 1932, Heft 6, Seite 3, zitiert nach „Geschichte der deutschen Arbeiterbewegung", Band 4, Anmerkung 85)

Brüning macht keinen Hehl daraus, daß all diese Erklärungen nur Märchen waren, um das Volk irrezuführen. Er schildert, wie er auf öffentlichen Versammlungen die christlichen Arbeiter und die Anhänger der SPD und der Gewerkschaften für die Wiederwahl Hindenburgs zu gewinnen suchte:

> „Die Leute, die zum Teil ohne Mäntel in entsetzlicher Armut und Not dort saßen, mußte ich für die Stimmabgabe für den Reichspräsidenten gewinnen und ihnen beibringen, daß er sie vor einem Verfassungsbruch behüten würde – während ich wußte, daß der Reichspräsident sich gleich nach seiner Wahl gegen sie wenden würde." (Brüning, Seite 537)

Er wußte es also. Das hinderte ihn nicht, die Führer der SPD und der Gewerkschaften aufzufordejn, sich an diesem Betrug zu beteiligen. Am 1. Februar 1932 trifft sich Brüning mit dem Kronprinzen:

> „Ich legte dem Kronprinzen meine letzten Ziele dar, vor allem was die Restaurierung der Monarchie betraf." (a. a. O., Seite 520)

Selbst für diese Infamie machte Brüning die Führung der SPD mit verantwortlich:

> „Vorsichtigerweise hatte ich am Morgen Hilferding kommen lassen und ihn streng vertraulich informiert über die bevorstehende Unterhaltung mit dem Kronprinzen und die Absicht, mit ihm über die Fragen der monarchistischen Restaurierung zu sprechen. Ich bat ihn, für den Fall, daß trotz aller Vorsichtsmaßregeln diese Unterhaltung dennoch bekannt würde, dem Vorstand der SPD mitzuteilen, daß ich ihn vorher informiert hätte." (a. a. O., Seite 521)

Ungeachtet alles dessen stellten die SPD-Minister für die Hindenburg-Wahl sogar Geldmittel zur Verfügung:

> „Dann mußte ich drangehen, Geld für die Propaganda des Hindenburg-Ausschusses zu bekommen... Preußen hatte den Geheimfonds für die Schutzpoilzei zur Verfügung." (a. a. O., Seite 531f.)

Für all diesen selbstmörderischen Wahnsinn lobt Brüning die SPD-Führung noch nachträglich, nachdem Hitler die Partei zerschlagen, ihre treuesten Mitglieder erschlagen oder eingekerkert hatte:

> „Die SPD hatte die schwersten Opfer, die jemals eine deutsche Regierung offen vom Volk verlangt hatte, bereitwillig im Interesse des Ganzen mitgetragen. Sie hatte sich bei ihren eigenen Massen einer Unpopularität ohnegleichen ausgesetzt. Sie war zu einer wirklichen staatstragenden Partei geworden." (a.a.O., Seite 378)

Wieder dieses Lob des Verführers für das Opfer: „Im Interesse des Ganzen", „staatstragend", „für das Vaterland". Wer und was war denn dieser Staat, den die SPD „trug", aber nicht beherrschte? Sie hatte zwar Kanzler und Minister gestellt, aber sie durfte immer nur ausführen, was andere beschlossen hatten. Sie hatte immer zurückzuweichen, „um Schlimmeres zu verhüten" – bis das Schlimmste eingetreten war. Sie war Objekt der Politik, mit der Aufgabe, ihre Anhänger zu zügeln, um sich selbst zu verbrauchen. Für den „Staat".

Dieser Staat aber, das war der Reichspräsident, das war die Reichswehr, das waren die Herren von Bank und Industrie. Sie repräsentierten den Staat. Ihre Interessen waren die Interessen des „Ganzen".

Für diese Interessen wurde das Volk geopfert, wurden die SPD und die Gewerkschaften „verbraucht" – wurde auch Brüning geopfert, als er ausgedient hatte, ebenso wie sein sozialdemokratischer Vorgänger Hermann Müller, dessen Sturz er doch selbst mit vorbereitet hatte.

Es ist bezeichnend für Brüning, daß er enttäuscht und empört darüber ist, wie man ihn opferte, ohne daß er jedoch den geringsten Vergleich zieht mit seinem eigenen Verhalten beim Sturz Hermann Müllers. Es ist bezeichnend, daß er sich der herrschenden Schicht der Generale und Wirtschaftsführer noch in der Emigration so verpflichtet fühlt, daß er zwar einzelne von ihnen kritisiert und entlarvt, aber gar nicht auf den Gedanken kommt, sich gegen das System zu wenden, das sie und einen Hitler hervorgebracht hat. Die persönliche Bindung an dieses System ist keine individuelle Besonderheit Brünings, sondern die gefährliche Eigenschaft einer ganzen Schicht, zu der auch führende Vertreter der SPD gerechnet werden müssen. Gerade darum sind Brünings dokumentarische Äußerungen über die Repräsentanten „des Staates" besonders bedeutsam.

Reichspräsident und „Rechtsstaat“

An der Spitze dieses Staates stand Reichspräsident von Hindenburg, der dem Volke und auch der republikanisch eingestellten Arbeiterschaft als „Hüter der Verfassung“, „Wahrer des Rechts“, als neutraler, unparteiischer Wächter über die Republik dargestellt wurde. In Wirklichkeit war dies, wie Brüning nachträglich offen erklärt, ein „fragwürdiger Mythos“. (a.a.O., Seite 456) Aus zweijähriger enger Zusammenarbeit mit dem Reichspräsidenten bestätigt der Reichskanzler a.D., daß Hindenburg ein Monarchist, Gesinnungsfreund der SA und SS, mit schwerer Blutschuld beladen – und überdies geistig längst nicht mehr zurechnungsfähig war. Aber als „verehrungswürdige Figur“ an der Spitze des Staates, zur Irreführung des eigenen Volkes, wurde er ungeachtet all dessen herausgestellt. Auch von Brüning selbst.

Über die politische Einstellung Hindenburgs teilt Brüning mit:

> „Der Reichspräsident erklärte, er würde niemals einwilligen, daß jemand außer dem Kaiser den Thron bestiege. Er betrachte sich als Treuhänder des Kaisers.“ (a.a.O., Seite 453)

Die Mordbanden Hitlers und Himmlers betrachtete Hindenburg als seine Busenfreunde. Als die Reichswehr vor Brünings Sturz aus Konkurrenzgründen für kurze Zeit die Auflösung von SA und SS durch Notverordnung veranlaßte,

> „äußerte der Reichspräsident starke Bedenken, das könne man ihm nicht zumuten, in diesen Formationen seien alte Kriegskameraden“. (a.a.O., Seite 542)

Über die Blutschuld, die Hindenburg auf sich geladen hatte, war sogar Brüning erschrocken. Er schildert, daß ihm Hindenburg am 11. November 1931 erzählte:

> „Ich wußte schon im Februar 1918, daß der Krieg verloren war, aber ich wollte Ludendorff noch einmal gewähren lassen.“ (a.a.O., Seite 455)

Dem Reichswehrminister und langjährigen Mitarbeiter Hindenburgs, General Groener, sagte der Kanzler daraufhin,

> „daß es mir ungeheuerlich erschiene, daß ein Oberbefehlshaber, der vom Mißlingen eines Angriffs überzeugt sei, der vielleicht 100000 Menschen das Leben koste, trotzdem einen solchen Angriff zuließe... Groener zuckte die Achseln.“ (ebenda)

Gleichzeitig war der Reichspräsident – in einer Zeit, da Millionen deutsche Arbeitslose buchstäblich am Rande des Hungertodes standen – für materielle Vorteile durchaus empfänglich. Er war bereit, ein Rittergut aus

Staatsbesitz als „Geschenk" zur Vergrößerung seines Gutes Neudeck entgegenzunehmen. Brüning ergänzt:

> „Die bisherigen Steuerrückstände wurden niedergeschlagen und die Familie von Hindenburg für die Zukunft bezüglich dieser beiden Güter steuerfrei erklärt." (a.a.O., Seite 662)

Der Präsident sorgte nicht nur für sich, sondern auch für seine Freunde. Eine der Betrugsaffären, die auf Kosten des Rechts (und des Steuerzahlers) vertuscht wurden, war die des Bankdirektors Sobernheim. Brüning teilt mit, daß dieser Bankier „Spezialkonten" eingerichtet hatte, durch die er die Frauen des Reichskanzlers Stresemann, des Staatssekretärs Meißner und anderer Politiker aus Hindenburgs Umgebung an Börsenspekulationen beteiligte. Dann drohte das Bekanntwerden von Sobernheims Machenschaften.

> „Wegen seiner bekannten Stellung im Hause des Reichspräsidenten mußten wir alle diese Konten verschwinden lassen. Wenn einer der dabei in Frage kommenden Beamten nicht absolut loyal war, so war die Reichspräsidentenwahl gefährdet... Eines Tages nahm ich Meißner beiseite und erklärte ihm, wir seien bereit, Sobernheim aus seinen Schulden zu befreien und ihm eine erhebliche Pension zuzugestehen. Von der Stunde an hatten wir keine Schwierigkeiten mehr." (a.a.O., Seiten 522/523)

Die Reichspräsidentenwahl war nicht mehr gefährdet – und die Pension wurde aus den Steuergeldern derselben Bürger bezahlt, die den „greisen Präsidenten" wählen durften.

Ein anderer Freund Hindenburgs war Herr von Siemens, Chef des Siemens- und Halske-Konzerns und gleichzeitig Präsident der Deutschen Reichsbahn. Als die Regierung bestimmte Pläne bei der Bahn verwirklichen wollte, stellte sich Herr von Siemens quer, der

> „an vermehrten Reichsbahnaufträgen kein Interesse hatte, sondern nur an vermehrten Postaufträgen. Siemens entschloß sich zu einer Kraftprobe. Er reichte seine Demission ein, wohlwissend, daß seine Stellung beim Reichspräsidenten gesichert war. Der Reichspräsident intervenierte prompt, Siemens blieb." (a.a.O., Seite 486)

Ein besonderer Skandal war die sogenannte „Osthilfe". Jahrein, jahraus wurden den bankrotten Rittergutsbesitzern östlich der Elbe riesige Summen aus der Steuerkasse zur Befreiung von ihren Schulden gezahlt. Für Hindenburg war dies nie genug,

> „wegen seiner Auffassung von der Notwendigkeit der finanziellen Sanierung derjenigen Familien, die aus alter Tradition den Nachwuchs zum preußischen Offizierskorps stellten." (a.a.O., Seite 172f.)

Es ging aber nicht nur um den Kastengeist des Junkers. Brüning schildert einen unmittelbaren Zusammenstoß mit dem Reichspräsidenten:

> „Seine Kritik an der Osthilfe war so scharf, daß ich es fast als Schimpfen bezeichnen muß. Blitzartig erkannte ich den Grund. (Minister) Treviranus war einige Tage vorher bei mir gewesen und hatte mir gesagt, Oskar von Hindenburg (der Sohn des Reichspräsidenten) habe ihm sehr scharf zugesetzt, er solle das Nachbargut von Neudeck umschulden; Oskar von Hindenburg könne dann bei diesem Umschuldungsprozeß vielleicht den Wald, der zu diesem Gut gehöre und an Neudeck grenze, für eine für ihn tragbare Summe erwerben." (a.a.O., Seite 393)

Minister Trevianus lehnte in diesem Fall die Aufforderung als gesetzwidrig ab. Aber das Problem der Osthilfe war später mit ein Anlaß, um Hindenburg zur Entlassung Brünings zu drängen, als die einflußreichen Drahtzieher die Zeit für den Übergang zu Papen/Schleicher/Hitler für gekommen hielten.

All diese Kenntnisse hielten den Kanzler ebensowenig wie die übrigen politischen Führer der Weimarer Republik ab, dem Volke diesen Mann erneut als Reichspräsidenten zu empfehlen. Ja, Brüning wußte, daß Hindenburg längst ein unzurechnungsfähiger, seniler Greis geworden war. Zwei Jahre vor Hindenburgs Wiederwahl, im September 1930, spielte sich folgendes ab:

> „Als Treviranus und ich ihn bei seiner Ankunft am Bahnhof Friedrichstraße abholten, erkannte er uns nicht. Sein Sohn mußte ihm zweimal sagen: ‚Hier ist der Herr Reichskanzler mit dem Reichsminister Treviranus.' Aber auch dann ging es nicht völlig in sein Bewußtsein ein, wer wir waren. Über Nacht war er greisenhaft geworden." (a.a.O., Seite 183)

Selbst vor den Ministern aber hat Brüning diese Tatsache vertuscht.

> „Ich konnte erreichen, daß ... der Zustand des Reichspräsidenten nicht bekannt wurde. Auch den Kabinettsmitgliedern habe ich ihn sorgfältig verheimlicht." (a.a.O., Seite 419)

Der Gipfel der Verachtung gegenüber den Wählern und gegenüber der vielberufenen demokratischen Staatsform ist aber erreicht, wenn Brüning anläßlich der Einberufung des Reichswirtschaftsrates im November 1931 schildert, daß es für ihn darauf ankam, den nicht mehr zurechnungsfähigen Reichspräsidenten der Öffentlichkeit „vorzuführen":

> „Um den Reichspräsidenten als Kandidaten nochmals durchsetzen zu können, mußte er einem größeren Kreis einflußreicher Persönlichkeiten im Vollbesitz seiner geistigen Kräfte vorgeführt werden. Ich saß in den Sitzungen, die der Reichspräsident leitete, stets sprungbereit, ein Unglück zu verhindern." (a.a.O., Seite 456)

Das Kapitel seiner Memoiren, das die Geschehnisse nach seiner Entlassung aus dem Reichskanzleramt behandelt, betitelt Brüning mit „Auflösung des Rechtsstaates“. Er bringt es tatsächlich fertig, all das, was er selbst aus seiner eigenen Amtszeit geschildert hat, noch mit dem Begriff „Rechtsstaat“ zu identifizieren: den Eingriff in die Justiz, um den SA-Führer Graf Helldorf vor Bestrafung zu schützen; die Unterdrückung des Hochverratsverfahrens gegen den Naziführer Dr. Best, der in den „Boxheimer Dokumenten“ Konzentrationslager und Massenhinrichtungen vorgesehen hatte; die Unterdrückung der Korruptionsaffären rings um das Reichspräsidialamt Hindenburgs, etc. etc.

Im Zusammenhang mit der Rolle der „Wirtschaft“ wird noch über eine Unzahl von Affären zu sprechen sein, bei denen Brüning Millionen und Abermillionen aus den Geldern der Steuerzahler für die Direktoren von Industrie und Hochfinanz, für die Besitzer und Verwalter der Rittergüter heimlich bereitgestellt hat. In fast jedem dieser Fälle bestätigt er selbst, es hätte einen Riesenskandal gegeben, wenn die beteiligten Beamten nicht geschwiegen hätten. Aber all das ist für ihn „rechtsstaatlich“ – denn es geschah im besten Einvernehmen innerhalb der herrschenden Schicht und im Interesse der Angehörigen dieser Schicht.

Daß unter Papen, Schleicher und Hitler lediglich in erweitertem Umfang und mit größerer Dreistigkeit und Brutalität das fortgesetzt wurde, was zu seiner Kanzlerzeit schon an Rechtsbrüchen vor sich ging, das will Brüning weder begreifen noch zugeben. Für ihn hört der „Rechtsstaat“ in dem Augenblick auf, da er nicht mehr zu denen gehört, die den Staat verkörpern.

Und dennoch enthüllen Brünings Memoiren mehr als genug. Als ein Ministerialdirektor im Reichsaußenministerium abgelöst wurde, stellte sich heraus,

> „daß mit dem Geheimfonds des Auswärtigen Amtes unter Stresemann in einer Weise umgegangen worden war, die alle Befürchtungen bei weitem übertraf. Die in den Etat eingesetzte jährliche Summe für den Geheimfonds war von Stresemann für drei Jahre im voraus verbraucht worden. Manche Leute hatten regelmäßig Monatsbezüge bis zu 3000 RM erhalten und nichts dafür getan, ja sich sogar ihre Auslandsreisen, die sie auf Wunsch Stresemanns unternahmen, von privater Seite nochmals schwer bezahlen lassen.“ (a.a.O., Seite 409)

Ein anderes Beispiel, das Brüning nennt, betrifft den Direktor der Berliner Bank für Handel und Grundbesitz, Seiffert. Er sollte verhaftet werden, weil seine Finanzmanipulationen an dem Zusammenbruch dieser Bank schuld waren:

> „Aus niemals aufgeklärten Gründen verzögerte der Staatsanwalt die Verhaftung, so daß Seiffert ins Ausland fliehen konnte. Ich erwähne diesen Fall, um zu zeigen, wie weit damals schon ein Teil der richterli-

> chen Beamten in seiner Pflichtauffassung erschüttert war. Nach der Machtergreifung durch die Nazis hat derselbe Typ absolut unschuldige Menschen gequält und versucht, sie körperlich zu ruinieren, nachdem ihnen mit dem besten Willen nichts anzuhaben war." (a.a.O., Seite 444)

In diesem Falle also hat der Staatsanwalt ohne Anweisungen des Kanzlers Recht und Gesetz verletzt – zum Unterschied von dem Fall Göring, dem Fall Helldorf, dem Fall Best, dem Fall Sobernheim, wo dies, wie Brüning selbst bezeugt, auf seine eigene Anweisung geschah.

Wenn aber Brüning sich zu der Feststellung durchringt, daß die Auflösung der Rechtsbegriffe in der Weimarer Republik dazu führte, daß diese Staatsanwälte, Richter und Beamten später bedenkenlos für Hitlers Tyrannenregime arbeiteten, dann hat er hier eine Erkenntnis ausgesprochen, die weit über das hinausgeht, was er sonst in seinen Memoiren ausspricht. Und wenn man bedenkt, daß der größte Teil dieser Leute unter Adenauer und Globke wieder im Staatsapparat der Bundesrepublik tätig werden konnte, dann wird vieles klar. Von der Straflosigkeit für KZ-Schinder bis zu den „Berater-Verträgen" und dem „Starfighter"-Skandal.

Generäle und Betrüger

Es war für den Abgeordneten Heinrich Brüning eine absolut „normale" Angelegenheit, daß ihm im Jahre 1929 die Generalität der Reichswehr mitteilen ließ, man werde 1930 den sozialdemokratischen Reichskanzler stürzen und ihn, Brüning, mit außerordentlichen Vollmachten als Kanzler einsetzen. So „unpolitisch" war die Reichswehr! Und so selbstverständlich war es für die Angehörigen der herrschenden Schicht, was hier hinter dem Rücken der Wähler und über ihre Köpfe hinweg in dem Lande getrieben wurde, von dem man so gerne sagte, es habe „die freieste Verfassung der Welt". Die Reichswehrführung stürzte Kanzler und setzte sie ein. Die Reichswehrführung verfügte nach Gutdünken über Milliarden aus dem Steueraufkommen und hielt die Verwendung dieser Steuergelder vor dem eigenen Volk geheim. Die Reichswehr bespitzelte unter Bruch der Verfassung wen sie wollte, selbst den Chef der Regierung. Brüning berichtet:

> „Meine Sorge, daß meine Telefongespräche abgehört würden, begann schon am zweiten Tag nach meiner Amtsübernahme. Tatsächlich bestätigte sich, daß meine telefonischen Unterhaltungen mit (dem Abgeordneten) Mittelmann von der Reichswehr abgehört worden waren." (a.a.O., Seite 396)

Der Kanzler verlangte daß der Reichswehrminister Aufklärung schaffe:

> „Groener forderte ein Votum von Schleicher und Bredow. Beide Herren erklärten ehrenwörtlich(!), daß das nicht der Fall sei." (a.a.O., Seite 397)

Daraufhin läßt Brüning selbst Untersuchungen anstellen.

> „Dabei kam ich zu dem Ergebnis, daß junge Reichswehroffiziere die Aufgabe hatten, verschiedene Telefonnummern zu überwachen... in den nachfolgenden Monaten häuften sich die Indizien, daß diese jungen Offiziere die abgehörten Gespräche dann an die Nazis weitergaben." (ebenda)

Dieselben Vorgänge bestätigt Dr. Günther Gereke, der 1932/33 Reichskommissar für Arbeitsbeschaffung war. Bei einem Zusammentreffen mit General Schleicher war er erstaunt, daß der General über ein Telefongespräch zwischen Gereke und dem Sohn des Reichspräsidenten informiert war:

> „Da ließ mir Schleicher unser abgehörtes Telefongespräch auf einer Platte vorspielen. ‚Wir in der Reichswehr sind über alles recht gut informiert', lachte er... Daß dieses Vorgehen Schleichers ein Vertrauensbruch war, auf diesen Gedanken kam ich merkwürdigerweise damals nicht." (Günther Gereke „Ich war königlich-preußischer Landrat", Union-Verlag, Berlin 1970, Seite 210)

Brüning dagegen nennt jenes Vorgehen der Reichswehr kurz und bündig „Gangstermethoden" – was ihn nicht hindert, die Generäle als seinesgleichen zu betrachten, denen man einen Rechts- und Verfassungsbruch nicht weiter übelnimmt.

Die Generäle der Reichswehr spielten damals schon heimlich mit den Nazis zusammen, auch gegen ihren eigenen vorgesetzten Minister. Am 9. Mai 1932 hielt Göring namens der NSDAP im Reichstag eine Rede, die dem Reichswehrminister Groener den Todesstoß versetzte:

> „Es stellte sich heraus, daß Göring für seine Rede vom Reichswehrministerium ein intimer und geheimer Briefwechsel zur Verfügung gestellt war, wobei Groener sofort erkannte, daß nunmehr Schleicher ihn restlos und rücksichtslos verriet und dabei nicht die Scham hatte, vor einer Verletzung des Dienstgeheimnisses und Dienstleides zurückzuschrecken.... Ich sah mir jedes Gesicht einzeln an. Am widerwärtigsten war das des Generals von Seeckt, der aus seiner Freude über den Zusammenbruch seines alten Konkurrenten nicht den geringsten Hehl machte." (Brüning, Seite 587)

Enttäuschung und Verärgerung haben den gestürzten Reichskanzler Brüning veranlaßt, vieles zu enthüllen, was bisher unbekannt war. Er spricht rücksichtslos offen über den Reichspräsidenten von Hindenburg.

Er sagt vieles über den General von Schleicher, über den Beamten- und Justizapparat der Weimarer Republik. Aber wo es um die „Führer der Wirtschaft" geht, da hat der Kanzler a. D. angeblich nur politische Verbindungen zwischen diesen Männern und Hitler, allenfalls zwischen ihnen und einigen anderen Rechtsparteien entdeckt. Er selbst? Er hat angeblich völlig frei von Bindungen zu Industrie und Finanz regiert. Wenn er die Löhne senkte und die Mißwirtschaft von Industriellen, Bankiers und Rittergutsbesitzern mit Steuergeldern noch belohnte, dann geschah dies nicht aus einer Bindung an diese Kaste, sondern „im Interesse des Ganzen".

Hier also ist offenbar der Punkt erreicht, wo auch ein enttäuschtes und verärgertes Mitglied der herrschenden Schicht nicht wagen darf, die Dinge beim Namen zu nennen.

Aber Brünings Schweigen kann natürlich nicht Dinge unsichtbar machen, die längst allgemein bekannt sind. Zudem gibt es inzwischen aus seinem eigenen Kreis Zeugen, die jene Bindungen zerrissen haben, an die sich Brüning bis zu seinem Tode immer noch hielt. Der frühere Reichskommissar für Arbeitsbeschaffung, Dr. Gereke, der ihn gut kannte, schreibt:

> „Ich war nicht nur befreundet mit Heinrich Brüning, ich schätzte auch seine persönliche Integrität und glaubte auf seine Entschlüsse Einfluß nehmen zu können. Das sollte mir jedoch nicht gelingen, da Brüning, wie sich bald herausstellte, eindeutig die Interessen der Großindustrie vertrat... Mit Erstaunen konnte ich beobachten, wie sich im Laufe des Jahres 1930 um Brüning ein kleiner Kreis von Industriellen und Bankiers zusammenfand. Sie alle vertraten ihre eigenen Interessen oder genauer, die ihrer Konzerne. Da waren Hermann Schmitz und Wichard von Moellendorf von den IG-Farben, die Brüning von Carl Bosch und Carl Duisberg, mit denen er seit Jahren befreundet war, als Berater zur Seite gestellt wurden. Da tauchte Robert Pferdmenges, Jahrzehnte später Berater und Finanzier Adenauers, auf und bot seine Verbindungen an." (Gereke, Seite 162ff.)

Nach dem Ausbruch der Finanzkrise Mitte 1931 stellt Gereke weiter fest:

> „In dieser Situation wandte sich eine Gruppe von Industriellen der rheinischen Schwerindustrie an Hindenburg und forderte von ihm, Brüning zur Umbildung seines Kabinetts und zur Aufnahme von Naziministern zu veranlassen. Der Reichspräsident lehnte – von Duisberg beraten – dieses Ansinnen ab, forderte aber von Brüning, das Kabinett weiter nach rechts zu erweitern, ohne jedoch NSDAP-Mitglieder aufzunehmen. Ein derartiges Kabinett wurde Anfang Oktober 1931 gebildet. Bezeichnend war, daß Joseph Wirth, der hervorragend am Zustandekommen des Rapallo-Vertrages beteiligt war und bis zuletzt vor dem zunehmenden Nationalismus gewarnt hatte, nun als Innenminister ausscheiden mußte." (Gereke, Seite 170f.)

Hier wird deutlicher, was sich in Wirklichkeit abspielte: Die Chemiekonzerne auf der einen und die Schwerindustrie auf der anderen Seite hatten verschiedenartige Interessen, sowohl was den Export wie was das Tempo der Aufrüstung betraf in jener Zeit der Wirtschaftskrise. Duisberg (Chemie) riet Hindenburg, die Nazis nicht in die Regierung zu nehmen; Brüning reagierte entsprechend. Aber nach rechts mußte sein Kabinett erweitert werden. Der katholische Innenminister und Reichskanzler a. D. Wirth, der nach dem Mord an Außenminister Rathenau das berühmte Wort gesprochen hatte: „Der Feind steht rechts", mußte gehen.

Als Schwerindustrie und Chemie sich einig wurden, daß es gelte, jetzt endgültig Schluß zu machen mit Verfassung und demokratischen Rechten, da mußte dann auch Brüning gehen.

Gerade weil Brüning sich bis zum Tode für verpflichtet hielt, über diese Zusammenhänge zu schweigen, gerade deshalb sind die Details, die er über einzelne „Wirtschaftsführer" enthüllt, um so gravierender.

Bei der Umbildung seines Kabinetts im Oktober 1931, als Wirth und andere gehen mußten, führte Brüning die Verhandlungen mit General Groener, Geheimrat Schmitz von den IG-Farben und Prof. Warmbold, der ebenfalls zur IG-Farben-Gruppe gehörte. Schmitz sollte das Verkehrsministerium bekommen. Da steckte ein Beamter dem Reichskanzler einen Zettel zu: „Brechen Sie sofort die Verhandlungen mit Schmitz ab." Auf dem Zettel stand, daß zur selben Zeit im Hotel Adlon von Leuten der „Harzburger Front" Informationen zusammengestellt würden,

> „über die riesigen Steuerdefraudationen der IG-Farben, für die Schmitz verantwortlich sei und für die er, Schmitz, die steuerfreie Amnestie aufgetrieben habe... Wenn Schmitz erst zum Minister im neuen Kabinett ernannt sei, sollte das alles veröffentlicht werden." (Brüning, Seite 425f.)

So wurde Schmitz nicht Verkehrsminister. Aber Warmbold bekam das Wirtschaftsministerium (und verließ es, als die chemische Industrie Brüning ihr Vertrauen entzog).

Im Kreise der Eingeweihten hatten die Herren der Wirtschaft keinerlei Illusionen übereinander. Brüning berichtet, daß bei einer Konferenz der Reichsregierung mit den Direktoren der Großbanken Reichsbankpräsident a. D. Schacht sich zu ihm hinüberbeugte und ihm ins Ohr flüsterte:

> „Alle die Leute, die uns hier gegenübersitzen, sind Verbrecher." (a.a.O., Seite 309)

Das hinderte Brüning nicht, mit diesen „Verbrechern" zusammenzuarbeiten – ebensowenig Schacht, der als ihr Repräsentant bei Hitler wieder Minister wurde. Ein Großteil der Herren durfte dann auch noch die Bundesrepublik unter Adenauer erleben.

Als die Wirtschaftskrise auf dem Höhepunkt war und die Direktoren und Aufsichtsräte sich mit ihren alten Methoden nicht mehr über Wasser halten konnten, sondern zur Regierung gelaufen kamen, um Steuermillionen als Hilfe zu verlangen,

> „eröffnete sich uns ein Abgrund der Korruption und des Leichtsinns in der Wirtschaft, der jede Phantasie überstieg. Kaum waren sie mit unendlicher Mühe saniert, als neue Mißwirtschaft begann und kein Versprechen eingehalten wurde. Das galt namentlich für die schlesischen Magnaten, die zum Teil aus einem falschen Treuegefühl sich nicht von ihren Generaldirektoren trennen konnten, die sie in den letzten zehn Jahren ruiniert hatten. Schließlich mußten wir... so weit gehen, um sie vor einem völligen Zusammenbruch zu retten, daß wir ihren Direktoren auch noch Staatsstellen verschafften, um sie auf diese Weise von ihnen zu befreien." (a.a.O., Seite 449)

Deutlicher kann die Tätigkeit des Staates kaum demonstriert werden. Und daß man betrügerische Direktoren nicht ins Zuchthaus, sondern in Beamtenposten bringt, zeigt, was Regierungen in Wirklichkeit von dem viel strapazierten Begriff des „preußischen Berufsbeamtentums" halten.

Brüning schildert den Fall eines schlesischen Adeligen, der sein Rittergut durch Glücksspiel an den Rand des Bankrotts gebracht hatte. Die Regierung sanierte mit Steuergeldern auch seinen Besitz:

> „Kaum saniert, kaufte sich der Graf einen Mercedes, fuhr zur Riviera und verspielte in drei Monaten alles, was ihm als Barüberschuß der Sanierung übriggeblieben war. Er war der erste oberschlesische Großgrundbesitzer, der nach der Umwälzung die Hakenkreuzfahne aufzog." (a.a.O., Seite 450)

Nach Brünings eigenem Zeugnis hatte dieser Graf, bis er von der Regierung das Geld erhielt, der Zentrumspartei angehört.

Die Clique der adeligen Großgrundbesitzer und Generäle, zu denen der Reichspräsident gehörte, sprach von „Nation" und „Vaterland", meinte aber etwas ganz anderes. Am 29. September 1930 erstattete der Kanzler dem Reichspräsidenten einen Bericht. Dabei las Hindenburg ihm einen Brief vor, der „von dem klügsten der deutschen Monarchen der Vorrevolutionszeit, König Friedrich August von Sachsen" an den Reichspräsidenten geschickt worden war. Seine Quintessenz:

> „Dr. Brüning hat mit der französischen Regierung verhandelt, aber er hat keine Anleihe mitgebracht. Infolgedessen werden die Holzpreise weiter sinken und ich und alle alten Familien ruiniert. Deshalb muß der Brüning sofort von seinem Posten weggejagt werden." (a.a.O., Seite 417f.)

Diesen Brief las Hindenburg seinem Kanzler mit „innerer Erschütterung“ vor... (ebenda)

> Es kamen „Unterschlagungen bei der Dewaheimsparkasse, die der Inneren Mission nahestand. Es stellte sich allmählich heraus, daß die ganze Innere Mission mit ihren riesigen Vermögenswerten vor dem Zusammenbruch stand. Ich ließ einzelne Herren aus der protestantischen Kirchenleitung zu mir kommen und sagte ihnen, ich sei bereit, nach Rücksprache mit (Reichsfinanzminister) Dietrich mit mehreren Millionen einzuspringen, wenn darüber völliges Stillschweigen bewahrt würde. Die Summe wurde ausgehändigt, 14 Tage später floh der Direktor der Bank nach Unterschlagung nahezu der ganzen Summe, die wir ohne Wissen des Rechnungshofes, des Rechnungsausschusses des Reichstages und ohne formalen Kabinettsbeschluß zur Verfügung gestellt hatten. Wurde es bekannt, so waren Dietrich und ich geliefert.“ (a.a.O., Seite 406)

Die Konzernreedereien Hapag und Norddeutscher Lloyd bekamen „nahezu 50 Millionen.“ (a.a.O., Seite 407)

> Die Zechen „Dahlbusch“ und „König Ludwig“ standen vor dem Bankrott, „kaum hatten wir hier geholfen, so krachte es in Danzig, Oberschlesien und an der Saar.“ (a.a.O., Seite 408)

Es stellte sich heraus,

> „daß nahezu sämtliche landwirtschaftlichen Kreditinstitute alle staatlichen Gelder und Kredite aus den vergangenen Jahren sinnlos vergeudet hatten“. (a.a.O., Seite 407)

Derselbe Staat, der die Löhne und Gehälter durch Notverordnung senkte, die Arbeitslosenunterstützung auf eine Hungerration kürzte, bewilligte den Großgrundbesitzern und Direktoren Millionen und Abermillionen zur Vertuschung der Korruption. Jeder Arbeiterfunktionär, der dies behauptet hätte, wäre vor Gericht gekommen – aber nun bestätigt der Kanzler selbst:

> „Von allen Korruptionsaffären in den Leitungen und Filialen der Großbanken ist nur eine einzige gerichtlich verfolgt worden.“ (a.a.O., Seite 523)
>
> Die erste Forderung, die meistens gestellt wurde, wenn wir an einen Bankier herantraten, war die Sicherstellung der bisherigen lebenslänglichen Pensionsansprüche. Die Direktoren in den unfähigen, ungeeigneten Aufsichtsräten bewilligten sich gegenseitig hohe Gehälter und hohe Pensionen.“ (a.a.O., Seite 522)

Die Rolle als Propagandazentrale des Rechtskartells, die heute der Springer-Konzern spielt, spielte damals Hugenbergs Scherl-Konzern in der „Harzburger Front“. Es stellte sich heraus, daß Hugenberg mit 22 Millionen Mark verschuldet war.

> „Jetzt verstand man, warum Hugenberg auf Inflation drängte." (a.a.O., Seite 409)

1923 hatten die Herren der Wirtschaft vorexerziert, wie sie bei einer allgemeinen Geldentwertung ihre Schulden mit Pfennigen abzahlen und ihre Sachwerte (Grundstücke, Fabriken, Maschinen, Aktien) gleichzeitig im Wert vervielfachen konnten. Das wurde der Traum der Herren in der Wirtschaftskrise der dreißiger Jahre:

> „Die Inflation lockte, nahezu die gesamte Wirtschaft drängte dazu." (a.a.O., Seite 408)

An anderer Stelle spricht Brüning von dem

> „Streben nach inflatorischen Maßnahmen, das besonders stark von den schwerverschuldeten Großkonzernen (mit Ausnahme der Elektrizitäts-Unternehmen) und der Landwirtschaft unterstützt wurde." (a.a.O., Seite 366)

Schacht war es, der dann unter Hitler mit der Finanzierung der Aufrüstung die neue Geldentwertung vorbereitete. Hugenberg, Schacht, Vögler von den „Vereinigten Stahlwerken" und andere Konzernherren handelten nach der Losung:

> „Durch Inflation Senkung der inneren Schulden und durch Einstellung der Zinszahlung nach außen praktische Streichung der Auslandsschulden... Deshalb wurde Geld hinausgeworfen für die Rechtsparteien." (a.a.O., Seite 443)

Staatsstreich eingeplant...

Dem Reichskanzler Brüning war es kein Geheimnis, wieso die Hitlerpartei immer weiter anwuchs. Er sah, daß

> „die gesamte Schwerindustrie kein anderes Mittel für ihre eigene Rettung sah, als immer weiter die Löhne zu senken bzw. einen gewaltsamen Umschwung mit nachfolgender Inflation durch starke finanzielle Unterstützung der NSDAP herbeizuführen." (a.a.O., Seite 442)

So also sieht das Bild des „Staates" aus, das Brüning selbst gibt. So zeichnet er den Reichspräsidenten, die Reichswehrgeneräle, die Spitzen der Beamtenschaft und der Wirtschaft, die er in engster Zusammenarbeit kennenlernte. Und lobt noch nachträglich die Führung der SPD und der Gewerkschaften dafür, daß sie sich „bei ihren eigenen Massen einer Unpopularität ohnegleichen ausgesetzt" hat, um zu einer „staatstragenden Partei" zu werden.

Während dieser Staat den Junkern und Konzernherren unter Bruch der eigenen Gesetze bedenkenlos Millionen in den Rachen warf, holte er ebenso bedenkenlos das Letzte aus der Bevölkerung heraus. Seine Amtszeit begann Brüning 1930 mit der Einführung der Kopfsteuer, der Ledigensteuer, einer Senkung der Beamtengehälter und der Arbeitslosenunterstützung bei gleichzeitiger Bewilligung neuer Gelder für die Osthilfe. Ende 1931 betrug das durchschnittliche Wocheneinkommen eines deutschen Arbeiters 36,95 Mark. Dennoch ließ Brüning die Löhne der Metallarbeiter an der Ruhr um 15 Prozent und in Berlin um 8 Prozent senken. Widerstand wurde mit Gewalt gebrochen. In Brünings Amtszeit erschoß die Polizei 170 streikende oder demonstrierende Arbeiter, SA und SS ermordeten weitere 240.

Wir haben über die Verhandlungen Brünings mit Hitler und mit der Reichswehr aus seinen eigenen Angaben erfahren, daß dies alles nicht geschah, um „die Demokratie vor Hitler zu retten", sondern daß er ein Zusammenspiel mit Hitler und dessen Hereinnahme in die Regierung plante. Das ging so weit, daß er sich nachträglich noch rühmt, all die Maßnahmen selbst vorbereitet zu haben, die unter der Hitlerdiktatur dann zur Liquidierung der Verfassung durchgeführt wurden. Wir haben zitiert, daß er die Wiedereinsetzung der Hohenzollern-Monarchie des 1918 davongejagten Wilhelm II. vorbereitete. Daß er die geheime Mobilmachung für den Krieg eingeleitet hat und dabei sogar die sozialdemokratische Preußenregierung zu seinem Komplicen machte.

Zusammen mit General Groener entwickelte er einen Plan, die Dienstzeit der Reichswehr zu verkürzen, um sie durch ständige Neuauffüllung zur beherrschenden Armee Europas zu machen:

> „700000 Mann schlagkräftige Infanterie und 300000 allen anderen Armeen überlegene Spezialisten für die technischen Waffen." (a.a.O., Seite 554)

Nach seinem Sturz jagte sein Nachfolger Franz von Papen am 20. Juli 1932 die preußische SPD-Regierung aus dem Amt. Auch das hatte Brüning schon vorbereitet, während er die Sozialdemokraten immer von neuem dazu brachte, ihn zu unterstützen

Er ist nur empört darüber, daß seine Vorbereitungen „falsch" angewandt worden seien.

> „Meine ausgearbeiteten Pläne und Notverordnungen, die sich alle im Rahmen der Verfassung bewegten, wurden sinn- und planlos zu verfassungswidrigen Zwecken benutzt... So könnte ein General, der einen für jeden Tag im einzelnen ausgearbeiteten Aufmarschplan vorgefunden hat, von rückwärts blätternd, die Endmaßnahmen zuerst ausführen wollen." (a.a.O., Seite 619)

Hitler führte die „Gleichschaltung" der Länderregierungen durch, indem er seine Gauleiter zu Reichsstatthaltern machte. Auch dies war schon von Brüning vorbereitet.

„Der zweite Schritt in diesen meinen Plänen war die Einsetzung von Reichskommissaren in den Ländern." (a.a.O., Seite 570)

Hitler faßte die ganze Polizei unter einem Kommando zusammen, um seine Unterdrückungsmaßnahmen schärfer durchsetzen zu können. Brüning teilt mit, daß er bereits am 24. September 1931 diesen Plan dem Reichswehrgeneral Schleicher vortrug:

„Ich erklärte ihm, daß es leicht sein würde, durch eine Notverordnung die gesamte Polizei dem Reichsinnenministerium zu unterstellen." (a.a.O., Seite 400)

An dieser Stelle wird auch wieder der Unterschied deutlich, der zu Brünings Sturz führte. Er war nicht ein „Bollwerk" gegen den Faschismus, nicht das „kleinere Übel", als das er gepriesen wurde. Er war der Mann, der auf vorsichtigere Weise das Ziel erreichen wollte. Hören wir ihn selbst:

„Schleicher wollte eine schnelle und direkte Aktion. Ich war der Überzeugung, daß man, um schwerste Erschütterungen in der Zukunft dem deutschen Volke zu ersparen, den langsameren, aber sicheren Weg gehen müßte." (ebenda)

„Langsamer aber sicherer." Zu diesem Zweck hatte Brüning auch schon den infamen Trick vorbereitet, mit dem Hitler dann sich die Zweidrittelmehrheit im Reichstag verschaffte, um die Verfassung außer Kraft zu setzen: Die Annullierung der kommunistischen Reichstagsmandate, damit unter den übrigbleibenden Abgeordneten die Rechte eine ausreichende Mehrheit hätte. Um Schwierigkeiten bei seinen Staatsstreichplänen auszuschalten, so sagte er zu General Schleicher,

„genüge ein Verbot der Kommunistischen Partei oder eine weitere Einengung der Immunitätsbestimmungen durch Abänderung der Geschäftsordnung des Reichstages, um im Reichstag selbst der Regierung eine Zweidrittelmehrheit zu verschaffen." (ebenda)

Verbot der KPD „oder Einengung der Immunitätsbestimmungen", das heißt: Verhaftung kommunistischer und anderer oppositioneller Abgeordneter unter beliebigen Vorwänden! Genau das hat Hitler getan. Er brauchte nur Brünings Entwürfe als Gesetz oder Notverordnung in Kraft zu setzen.

Es handelt sich hier nicht um „persönliche" Entscheidungen von Heinrich Brüning oder Adolf Hitler. Die gesamte Repräsentanz der herrschenden Schicht war zu Staatsstreich und Diktatur bereit. Ob ja oder nein, das war nur eine Zweckmäßigkeitsfrage. An jenem 24. September 1931, bei dem Gespräch mit General Schleicher, war auch der Vorsitzende der Zentrumspartei, der päpstliche Prälat Kaas, beteiligt. Brüning berichtet:

„Schleicher brachte die Unterhaltung nach einiger Zeit auf die Notwendigkeit, sich von der Linken zu lösen, aber gleichzeitig unter Auswechslung einiger Kabinettsmitglieder einen Staatsstreich zu machen. Ich erklärte ihm, daß ich das ablehne. Solange ich eine Mehrheit hätte, wäre es ein Verbrechen, sich über die Verfassung hinwegzusetzen. Ich scheute nicht vor letzten Konsequenzen zurück, aber sie müßten vor meinem Gewissen gerechtfertigt sein." (a.a.O., Seite 399)

Solange er eine Mehrheit hat, hält er den Staatsstreich für ein Verbrechen, weil überflüssig. Ist diese Mehrheit nicht vorhanden, dann scheut er auch nicht vor „letzten Konsequenzen" zurück.

Und der Parteivorsitzende Kaas, Prälat der Kirche und des Vatikans? Er bemühte sich, in jener Unterhaltung Schleicher gegenüber

„die Notwendigkeit und Erlaubtheit eines Verfassungsbruches zu begründen." (ebenda)

Diese Linie hielt die Führung des Zentrums (Vorläufer der heutigen CDU/CSU) bis zuletzt unverändert durch. Als Papen (ebenfalls Mitglied des Zentrums und späterer Vizekanzler Hitlers) Reichskanzler wurde, konnte er sich bei seiner Staatsstreichspolitik auf die vorherige Zustimmung des Zentrumsvorsitzenden Kaas stützen:

„Kaas hatte im Januar und Februar wiederholt Besprechungen mit Papen gehabt, in denen er sich ebenso wie in anderen Unterhaltungen für die Zulässigkeit eines Staatsstreiches vom Standpunkt des Naturrechts einsetzte." (a.a.O., Seite 609)

...und durchgeführt: 20. Juli 1932

Am 1. Juni 1932 ernannte Hindenburg den aus der Zentrumspartei abgesprungenen Freiherrn Franz von Papen zum Reichskanzler. Brüning wurde nicht mehr gebraucht. Er hatte mit seinen Notverordnungen und mit Hilfe der Tolerierungspolitik das Volk „an die Diktatur gewöhnt", wie die „Deutsche Allgemeine Zeitung" prophezeit hatte. Nun konnte ein Kanzler berufen werden, der ohne Rücksicht auf das Parlament amtierte, nur gestützt auf den Reichspräsidenten, den man vorher als Hort der demokratischen Verfassung gepriesen hatte, und auf die hinter ihm stehende Reichswehr.

Der Erste, der das sinkende Schiff verließ, war der Ministerpräsident des Landes Preußen, Otto Braun. Am 6. Juni 1932 ging er in Urlaub „mit der festen Absicht, nicht mehr in das Amt zurückzukehren". (Otto Braun, „Von Weimar bis Hitler", Zürich 1940, Seite 396)

Vierzehn Tage später, am 20. Juli, bestellte von Papen die preußischen Minister zu sich. „Wie Rekruten zum Appell", schildert es der Innenminister Carl Severing in seinen Memoiren. Papen teilte ihnen mit, er sei aufgrund der Notverordnungen (die Brüning noch vorbereitet hatte) zum Reichskommissar von Preußen ernannt, die preußische Landesregierung sei abgesetzt. Gleichzeitig verhängte Hindenburg über Berlin den militärischen Ausnahmezustand, wodurch die Befehlsgewalt auf den Reichswehrgeneral von Rundstedt überging. Severing lehnte den Rücktritt mit den stolzen Worten ab: „Ich weiche nur der Gewalt." Wie das allerdings aussah, schildert er selbst:

> „In den frühen Nachmittagsstunden (des 20. Juli) ließ Herr Bracht bei mir anfragen, ob ich bereit sei, ihn zu einer kurzen Aussprache zu empfangen. Ich habe zugestimmt, und gegen 4 Uhr erschien er bei mir, um längere Zeit auf mich einzureden, ihm die Amtsgeschäfte in der bei einem Amtswechsel üblichen Form zu übergeben. Das habe ich abgelehnt, weil ich den Schleicher, Papen und Genossen nicht ersparen wollte, den Weg des Verfassungsbruchs bis zu Ende zu gehen. Infolge dieser Weigerung erschienen abends um 8 Uhr der anstelle des inzwischen amtsenthobenen Albert Gzesinski zum Berliner Polizeipräsidenten ernannte frühere Essener Polizeipräsident Dr. Melcher und zwei Polizeioffiziere in meinem Amtszimmer, um mich mit Brachialgewalt an der weiteren Ausübung der Amtsgeschäfte zu hindern. Nachdem ich die Exekutoren aufgefordert hatte, sich für diese Ausführung ihres Auftrages auszuweisen, und diese Ausweise beigebracht waren, habe ich das Amtszimmer verlassen." (Severing II/352)

Nachdem die Ausweise beigebracht waren---!

Der abgesetzte Berliner Polizeipräsident und seine engsten Mitarbeiter wurden in die Militärarrestanstalt überführt. Sie unterschrieben dort nach wenigen Stunden, daß sie auf die weitere Ausübung ihrer Amtsgeschäfte „unter Protest" verzichteten. Und wurden am gleichen Abend wieder freigelassen.

Für denselben 20. Juli war zufällig eine gemeinsame Sitzung der SPD-Führung mit der Führung des Allgemeinen Deutschen Gewerkschaftsbundes angesetzt. Otto Wels, der Vorsitzende der SPD, schildert den Ablauf:

> „Der Eindruck der Nachricht auf die Anwesenden war deprimierend. Kein Wort der Empörung, keine spontane Erregung war zu merken. Ich hatte den Eindruck, daß man allgemein ratlos war, was zu tun sei--- Ich sagte sodann, daß wir vor einem offenen Staatsstreich ständen. Wir hätten immer betont, daß wir dem mit allen Mitteln entgegentreten würden. Es sei jetzt die Frage, welche Mittel ständen uns zur Verfügung?...

Ich bitte den Genossen Scheffel, mir jetzt zu sagen: Was werden, was können die Eisenbahner tun? Scheffel sagte daraufhin in sichtbarer Verlegenheit: ‚An sich wären unsere Leute zum großen Teil wohl bereit. Es kommt aber darauf an, welche Parole wir geben können und wie lange wir denken, daß so ein Generalstreik dauern könnte. Jetzt sei der Belagerungszustand vom Reichspräsidenten, der an der Spitze der Reichswehr steht, verhängt. Wir könnten doch nicht den Rücktritt des Reichspräsidenten zur Parole machen, oder so lange streiken, bis der militärische Belagerungszustand aufgehoben ist. Ich müßte da erst mit meinem Vorstand reden, wie er die Lage beurteilt‘ –

Ich frug dann die Gemeinde- und Staatsarbeiter. Vertreter des Verkehrsbundes war Genosse Becker, der sich noch zurückhaltender und unklarer ausdrückte als Scheffel, so daß eine einigermaßen wörtliche Wiedergabe seiner Ausführungen unmöglich ist. Bestimmt blieb aber der Eindruck, von ihm wird ein rücksichtsloser Kampf bis zum Letzten nicht zu erwarten sein. Andere Redner äußerten sich nicht. Leipart (ADGB), der dann sprach, stimmte der Deduktion: ‚Sichert die Reichstagswahl‘ als der vermutlich richtigen zu. Das war offenbar auch die Auffassung der ganzen Konferenz. Höltermann (Reichsbanner) und Künstler (SPD-Vorsitzender Berlin) stimmten mit ihr darin willig überein. Künstler betonte, man müsse Sorge tragen, daß die Kommunisten nicht durch voreilige Parolen Verwirrung in die Massen trügen---

Außerdem erfuhr ich, daß der Berliner Bezirksvorstand bereits am Abend zusammentreten würde, und daß Künstler bereits Handzettel gegen etwaige kommunistische Parolen in Druck gegeben habe." (Akten SPD-Vorstand, Seite 8ff.)

Dazu Hoegner:

„Die Vorstände der Sozialdemokratischen Partei und der freien Gewerkschaften suchten vergebens, ihre Ohnmacht und Entschlußlosigkeit zu bemänteln. Sie stellten es so hin, als habe Papen mit seinem Staatsstreich nur die Arbeiterschaft reizen und zu Widersetzlichkeiten herauslocken wollen, um dann wegen innerer Unruhen die auf den 31. Juli 1932 angesetzte Reichstagswahl verschieben und ohne Reichstag regieren zu können. Man sei aber nicht in die Falle gegangen. So wurde aus dem schmählichsten Ereignis der Geschichte der deutschen demokratischen Republik ein Sieg der Schlauheit über die Niedertracht, aus einer Haltung der Ratlosigkeit und Schwäche ein wohlüberlegter Schachzug gemacht. Aber das Volk war der Seiltänzereien müde. Bei den Wahlen am 31. Juli 1932 rückten die Nationalsozialisten von 107 auf 230, die Kommunisten von 77 auf 89 Abgeordnetensitze auf, während die Sozialdemokratie von 143 auf 133 sank." (Hoegner, Seite 33)

Brüning beurteilt die Folgen der sozialdemokratischen Kapitulation mit einem einzigen lapidaren Satz:

> „Der mangelnde Widerstand gegen den Staatsstreich in Preußen deprimierte die sozialdemokratischen Massen." (Brüning, Seite 619)

Wie war es soweit gekommen?

Preußen verfügte über eine modern ausgebildete und bewaffnete Polizeitruppe im Umfang von 90000 Mann. Sie wurden von Polizeipräsidenten und -offizieren befehligt, die zum erheblichen Teil der SPD angehörten, ebenso wie Innenminister Severing und Ministerpräsident Otto Braun. Unter sozialdemokratischer Führung bestand außerdem die Wehrorganisation „Reichsbanner" sowie eine weitere Kampforganisation, die „Eiserne Front", in der im wesentlichen Organisationen vereinigt waren, die mit der SPD und den Gewerkschaften verbunden waren.

Die SPD-Führung brachte nicht den Entschluß auf, am 20. Juli mit den Menschen und den Waffen, über die sie verfügte, die Verfassung gegen den Staatsstreich zu schützen. Angebote der Kommunistischen Partei Deutschlands, gemeinsam zum Generalstreik aufzurufen, um den Papen-Putsch niederzuschlagen, wie 1920 der Kapp-Putsch niedergeschlagen worden war, wurden zurückgewiesen.

Papen jagte die meisten der bisherigen Polizei- und Verwaltungschefs in Preußen davon und ersetzte sie durch seine Leute. Wenige Monate später marschierten auch in Preußen die Polizeibeamten mit der Hakenkreuzbinde an der Uniform in den Demonstrationen, die dem „Führer und Reichskanzler Adolf Hitler" huldigten...

Papen konnte darauf spekulieren, daß die Spaltung der Arbeiterklasse, die unter Brüning noch verschärft worden war, seinem Staatsstreich förderlich sein würde. Als Papen zuschlug, hatte die Braun/Severing-Regierung keine Mehrheit im Landtag, da die vorausgegangene Preußenwahl die Regierungsparteien schwächte und die Nationalsozialistische Partei auf 162 Abgeordnete anwachsen ließ. Es ist zur allgemein verbreiteten Legende geworden – ebenso wie die Behauptung vom Sturz der Regierung Müller „wegen der Arbeitslosenversicherung" –, daß die Kommunisten sich geweigert hätten, mit den Sozialdemokraten gegen die faschistische Gefahr zusammenzugehen. In Wahrheit jedoch hatte sich die KPD zu eben dieser Zusammenarbeit auch im Parlament bereit erklärt. Es ist typisch für die offizielle und offiziöse Geschichtsschreibung der Bundesrepublik, daß diese Tatsache, wie viele andere, unterschlagen wird. In Wirklichkeit entwickelten sich die Dinge wie folgt:

In der ersten Hälfte des Jahres 1932 war nach langjährigen Auseinandersetzungen die Gruppe in der KPD-Führung zurückgedrängt worden, die sich weigerte, den Sozialdemokraten gegenüber das Einigende des Kampfes gegen den Faschismus in den Vordergrund zu stellen. Heinz

Neumann wurde aus dem Politbüro des ZK der KPD entfernt, Kurt Müller verlor die Leitung des Kommunistischen Jugendverbandes. Auf der Tagung des Zentralkomitees der KPD am 24. Mai 1932 betonte der Parteivorsitzende Ernst Thälmann die notwendige gemeinsame Abwehr der faschistischen Gefahr:

> „Angesichts des Erfolgs der Hitlerfaschisten bei den letzten Wahlen bestehe die nächste zentrale Aufgabe darin, mit allen parlamentarischen und außerparlamentarischen Mitteln den Eintritt der Nazis in die Reichsregierung oder in die preußische Regierung zu verhindern. Eine Regierungsbeteiligung der Nazis werde die Entwicklung zur offenen faschistischen Diktatur beschleunigen. Deshalb müsse einerseits ein Kompromiß mit der SPD und dem Zentrum im Preußischen Landtag gefunden werden, um alle Versuche der Nazis zu vereiteln auf parlamentarischem Wege in die Regierung zu gelangen. Andererseits müßten neue Wege zu einer umfassenden antifaschistischen Einheitsfront eingeschlagen und eine Massenstimmung gegen die Einbeziehung der Nazis in die Regierung erzeugt werden." („Geschichte der deutschen Arbeiterbewegung", Band 4, Seite 337f.)

Die KPD ließ nicht in dem Bemühen nach, eine antifaschistische Einheitsfront sowohl außerparlamentarisch als auch auf parlamentarischer Ebene herzustellen. Die Fraktionsvorsitzenden der KPD im Reichstag (Ernst Torgler) und im Preußenlandtag (Wilhelm Kasper) suchten das preußische Innenministerium auf, um über ein gemeinsames Vorgehen zu verhandeln. (Eyck „Geschichte der Weimarer Republik", Zürich und Stuttgart 1956, Band 2, Seite 505. Sowie: Bracher „Die Auflösung der Weimarer Republik", Stuttgart und Düsseldorf 1957, Seiten 578/579. Sowie: Paul Merker „Deutschland – sein oder nicht sein", Mexico 1944, Band 1, Seite 253.)

Severing ließ sich verleugnen. Seine Haltung faßt Eyck in dem Satz zusammen:

> „Severings Erinnerungen zeigen, daß weder die Sozialdemokratie noch das Zentrum die mindeste Neigung hatten, mit den Kommunisten zu paktieren." (Eyck, Seite 506)

Severings Stellvertreter, Staatssekretär Abbeg, ein bürgerlicher Demokrat, verhandelte mit den beiden KPD-Abgeordneten. Außerdem war ein weiterer Beamter Severings zugegen: der Regierungsrat Diels – derselbe Mann, der ein halbes Jahr später von Hitler zum ersten Chef der Gestapo gemacht wurde!

Aufgrund der Haltung Severings kam es zu keinerlei Abmachungen. Diels aber verriet noch in derselben Nacht das, was er mit angehört hatte, an Schleicher und Papen. Sein Bericht spielte später bei den Verhandlungen vor dem Staatsgerichtshof über den Staatsstreich Papens eine Rolle.

Die Wahl des NSDAP-Abgeordneten Kerrl zum Landtagspräsidenten ermöglichte nun den Beginn eines Zusammenspiels zwischen Nazis und

Papen zur Vorbereitung des Staatsstreichs. Seit der Preußenwahl besaß die Regierung Braun/Severing keine Landtagsmehrheit mehr. Sie amtierte nur noch als geschäftsführende Regierung. Am 7. Juni forderte Papen den Landtagspräsidenten Kerrl schriftlich auf, umgehend die geschäftsführende durch eine ordentliche preußische Regierung zu ersetzen. (Bracher, Seite 574)

Bei einem antifaschistischen Landtagspräsidenten wäre er abgeblitzt. Bei Kerrl fand er seinen Helfershelfer. Nach einigen parlamentarischen Manövern ließ Kerrl am 8. Juli den Landtag ohne Beschluß auf unbestimmte Zeit auseinandergehen und veröffentlichte dann am 19. Juli einen Brief an Papen, in dem er mitteilte, der Landtag sei nicht imstande, eine Regierung zu bilden (a. a. O., Seite 581). Das war das Stichwort für den Erlaß der Notverordnung am 20. Juli.

Die Haltung der KPD wird deutlich durch das Auftreten ihres Sprechers im Preußischen Landtag, des Abgeordneten Wilhelm Pieck, als nach der Preußenwahl das Landtagspräsidium neu zu wählen war. Die NSDAP erhob die Forderung, als stärkste Fraktion, ihren Abgeordneten Kerrl zum Präsidenten zu machen. Pieck machte demgegenüber der SPD und dem Zentrum das Angebot zur Zusammenarbeit gegen die Hitler-Partei. Er erklärte, für seine Fraktion ergebe sich

> „die Notwendigkeit, den Kampfeswillen der revolutionären Arbeiterschaft gegen die Faschisten dadurch zum Ausdruck zu bringen, daß die endgültige Wahl eines nationalsozialistischen Landtagspräsidiums verhindert wird. Wir haben deshalb an die beiden Fraktionen der Sozialdemokratie und des Zentrums zwei Bedingungen gestellt, unter denen wir Kommunisten bereit waren, bei den Wahlen für das Präsidium des Landtags für die Kandidaten dieser beiden Fraktionen zu stimmen (‚Hört, Hört!' rechts), ihnen dadurch die Mehrheit zu verschaffen und so die Wahl der nationalsozialistischen und deutsch-nationalen Kandidaten zu verhindern.

Wir haben nicht die Bedingung gestellt, im Präsidium vertreten zu sein. Unsere beiden Bedingungen lauteten:

1. Herstellung der Versammlungs-, Demonstrations- und Pressefreiheit und Freigabe des Rundfunks für die revolutionäre Arbeiterschaft in Preußen.

2. Nichtdurchführung der faschistischen Notverordnungen der Papen-Regierung in Preußen.

Die beiden von uns gestellten Bedingungen sind von den beiden Fraktionen abgelehnt worden, was beim Zentrum verständlich ist, weniger bei den Sozialdemokraten, die angeblich den Kampf gegen den Faschismus führen wollen. Jetzt ist bekanntgeworden, daß die Zentrums-Fraktion beschlossen hat, durch Stimmenthaltung, Abgabe weißer Stimmzettel, die Wahl eines nationalsozialistischen Landtagspräsidenten zu ermöglichen (‚Hört, Hört!' bei den Kommunisten).

Damit entsteht die Gefahr, daß das gesamte Präsidium nur von Nationalsozialisten und Deutschnationalen zusammengesetzt wird. Wir Kommunisten wollen nicht nur einer solchen Gefahr vorbeugen, sondern vor allem unseren entschlossenen Kampfeswillen gegen den Faschismus dadurch zum Ausdruck bringen, daß wir den weiteren taktischen Versuch unternehmen, die Wahl eines nationalsozialistischen Präsidiums zu verhindern, indem wir den beiden Fraktionen des Zentrums und der Sozialdemokratie folgenden Vorschlag machen (‚Aha' und Lachen bei der NSDAP):
Obwohl sie unsere beiden Bedingungen abgelehnt haben und damit ihre Feindschaft gegenüber den Forderungen der werktätigen Massen, ihrer eigenen Arbeiteranhänger, zum Ausdruck gebracht haben, so sind wir Kommunisten doch bereit, für ihre Kandidaten zum Präsidium zu stimmen (‚Hört, Hört!' bei der NSDAP), wenn beide Fraktionen ihre Bereitwilligkeit erklären, durch aktive Beteiligung an den Wahlen mit uns Kommunisten gemeinsam die Nationalsozialisten und Deutschnationalen von jeder Beteiligung am Landtagspräsidium auszuschließen". (Sitzungsbericht des Preußischen Landtags, IV. Wahlperiode, 1. Band, Berlin 1932, Spalte 682/683 [zitiert nach „Geschichte der deutschen Arbeiterbewegung", Band 4, Anmerkung 92].)

Das Angebot der KPD hätte auf parlamentarischer Ebene eine Vorentscheidung gegen die faschistische Gefahr bringen können. Denn die 93 SPD-Abgeordneten und die 67 Abgeordneten der Zentrumspartei, die die bisherige Braun/Severing-Regierung trugen, hatten zusammen mit den 57 Kommunisten die absolute Mehrheit im Landtag. Aber es waren gerade SPD und Zentrum, die es ablehnten, gemeinsam gegen die NSDAP vorzugehen. Hören wir den damaligen Preußenminister Carl Severing:

> „Bei der Wahl des Landtagspräsidiums wollten die Kommunisten für die Kandidaten der Sozialdemokratie und des Zentrums stimmen, unter der Bedingung, daß die Deutschnationalen und die Nationalsozialisten damit ausgeschaltet würden." (Carl Severing „Mein Lebensweg", Köln 1950, Band II, Seite 342.)

Und um es ganz eindeutig zu machen, schreibt er noch einmal im Sperrdruck:

> „Bedingungen aber hätten sich die Weimarer Parteien nicht stellen lassen." (ebenda)

Es wäre lächerlich, wenn es nicht so ernst wäre: Ein gemeinsames Vorgehen gegen die Nazis wird abgelehnt, wegen der „Bedingung", daß es sich gegen die Nazis richten sollte. Statt dessen ließen die „Weimarer Parteien" die Wahl Kerrls zum Landtagspräsidenten geschehen Damit war, wie wir sehen werden, eine gefährliche Vorentscheidung gefallen.

Inzwischen hatte Papen auf seine Art die Lage getestet. Anfang Juli ließ er durch seinen Innenminister, Herrn von Gayl, die Braun/Severing-Regierung auffordern, ihr eigenes Blatt, den „Vorwärts", das Zentralorgan der SPD, sowie die dem Zentrum nahestehende „Kölnische Volkszeitung" wegen Beleidigung der Reichsregierung zu verbieten. Severing wandte sich an das Reichsgericht:

> „... habe darum nach den geltenden Bestimmungen die Entscheidung des Reichsgerichts angerufen, das jedoch zu meiner Verwunderung das Verbot des „Vorwärts" und der „Kölnischen Volkszeitung" für zulässig erklärte." (Severing, Band II, Seite 343)

Es blieb nicht bei der „Verwunderung". Am 6. Juli brachte die KPD-Fraktion im Landtag den Antrag ein, sich diesen Gewaltmaßnahmen Papens zu widersetzen:

> „Das Staatsministerium wird beauftragt:
>
> 1. Das ‚Vorwärts'-Verbot sofort aufzuheben.
>
> 2. Weder von sich aus noch im Auftrage der Reichsregierung Zeitungen oder Organisationen zu verbieten,
>
> 3. den Polizeipräsidenten, Regierungspräsidenten oder sonstigen Behörden das Recht, Verbote zu verhängen, zu entziehen." (Sitzungsbericht des Preußischen Landtags, 4. Wahlperiode, 1. Band, Berlin 1932, Spalte 1097.)

SPD und Zentrum hatten nicht den Mut, mit den Kommunisten zusammen Widerstand zu leisten, obwohl es sich um ihre eigenen Zeitungen handelte. So wurden das SPD-Zentralorgan und eines der wichtigsten Zentrumsblätter im Lande Preußen von einer Regierung verboten, die sich aus SPD und Zentrum zusammensetzte.

Papen bereitete nun seinen Schlag vor. Seine Polizeibehörden übermittelten ihm am 16. Juli 1932 folgenden internen Lagebericht:

> „Im ganzen Reiche gehen die praktischen Einheitsfrontaktionen weiter. SPD-Betriebsräte erscheinen als Delegierte ihrer Kameraden in kommunistischen Versammlungen; in Duisburg erörterten Funktionäre der ‚Eisernen Front' im Parteibüro der KPD Einheitsfrontmaßnahmen. Gemeinsame Sargwachen und Beteiligungen bei Beerdigungen sind schon überall die Regel, ebenso wie bei oder nach nationalsozialistischen Aufmärschen regelmäßig überparteiliche Demonstrationen veranstaltet werden. Sozialdemokraten erscheinen bei den vielerorts veranstalteten antifaschistischen Kongressen der KPD, wenn auch noch nicht in der von der KPD erhofften Zahl; Gewerkschaftsfunktionäre erklären, daß man die entgegengehaltene Bruderhand der KPD nicht zurückweisen dürfe, und äußern Kritik an der Politik von SPD und ADGB. Die Duisburger ‚Volksstimme', SPD-Organ,

begrüßte das Zustandekommen der Einheitsfront, die spontan von unten her kommen würde. Hilferding rühmte in einer Essener Rede, daß bei der Demonstration im Berliner Lustgarten die Kommunisten in ‚vorbildlicher Disziplin' mitmarschiert seien usw. usw. So sieht man also, daß der Vorstand der SPD im Prinzip nichts gegen die Bildung der Einheitsfront auf lokaler Basis hat, solange natürlich die Machtstellung der SPD und ihr Einfluß im Proleteriat hierdurch nicht berührt werden, daß er aber, und zwar mit Rücksicht auf die von rechts her erwarteten Wähler und mit Rücksicht auf spätere Koalitionsmöglichkeiten, eine offizielle Verantwortung für eine auch formale Einheitsfront mit den Kommunisten nicht übernehmen will." (Deutsches Zentralarchiv, Potsdam: „Reichsministerium des Innern, Abt. IAN, Nr. 26, 153, Blatt 25 bis 27, [zitiert nach „Geschichte der deutschen Arbeiterbewegung, Band 4, Anmerkung 94].)

Nicht nur die Kommunisten, sondern auch die Sozialdemokraten in ihren Parteigruppen, in Betrieben und Gewerkschaften drängten zur antifaschistischen Einheitsfront. Aber an der Spitze stand dem die „Rücksicht auf spätere Koalitionsmöglichkeiten" entgegen. Papen wußte, woran er war.

Für die Arbeiter im Lande draußen aber war dies keineswegs deutlich. Der inzwischen wieder erscheinende „Vorwärts" erklärte in seinem Leitartikel vom 17. Juli 1932:

„Wenn sich jemand in Deutschland einbilden sollte, daß die Organisation der Eisernen Front eine Aufhebung der republikanischen Verfassung des Deutschen Reiches dulden würden, dann befände sich dieser Jemand in einem verhängnisvollen Irrtum. Es genügt vollkommen, wenn wir in diesem Zusammenhang auf den Ausgang des Kapp-Putsches hinweisen. Und damals gab es noch zwei sozialistische Parteien, die einander heftig befehdeten, was wieder auf die Beziehungen zu den Gewerkschaften ungünstig zurückwirkte. Ein Reichsbanner gab es damals überhaupt noch nicht, und von einer Eisernen Front konnte erst recht keine Rede sein. Damit jedermann weiß, woran er ist, möchten wir aber auch davor warnen – nicht die organisierten Arbeiter, die sind im Bilde –, die Aufrufe der KPD zu Protest- und Gewaltstreiks von mehr oder weniger kurzer Dauer aus irgendeinem Anlaß ernst zu nehmen. Wir lassen diese letzte, entscheidende Waffe des Proleteriats nicht durch Pfuscher abstumpfen. Ob und wann sie einzusetzen ist, darüber entscheiden allein die verantwortlichen Organisationen. Sie werden, wenn es um die Lebens- und Grundrechte der Arbeiterklasse geht, ohne zu zaudern mit der vollen Wucht der Organisationen zuschlagen." („Vorwärts", Berlin, 17. Juli 1932)

Die Leser des „Vorwärts" mußten annehmen, ihre Partei würde sie im entscheidenden Augenblick aufrufen, „mit voller Wucht" zuzuschlagen, „ohne zu zaudern". In Wirklichkeit aber wurden sie nur aufgefordert, die

Vorschläge der Kommunisten zu gemeinsamen antifaschistischen Aktionen zurückzuweisen.

Als Papen am 19. Juli Kerrls Brief erhalten hatte, schlug er zu. Friedrich Stampfer, Mitglied des SPD-Vorstandes und während der ganzen Zeit der Weimarer Republik Chefredakteur des „Vorwärts" schrieb später in seinen Erinnerungen:

> „Papen besprach sich mit Nationalsozialisten, Deutschnationalen und Zentrumsleuten wegen der Bildung einer Regierungsmehrheit. Und Otto Braun erleichterte diese Verhandlungen, indem er auf Krankenurlaub ging. Er war wirklich krank und außerdem überzeugt, daß das Experiment einer parlamentarischen Regierung mit den Nationalsozialisten gemacht werden müßte." (Friedrich Stampfer, „Die ersten 14 Jahre der deutschen Republik", Offenbach 1947, Seite 629.)

Das ZK der Kommunistischen Partei Deutschlands wandte sich noch am 20. Juli an SPD und Gewerkschaften (ADGB und AfA-Bund) mit dem Aufruf zur gemeinsamen Abwehr. In dem Aufruf hieß es:

> „Die Kommunistische Partei Deutschlands richtet angesichts der Aufrichtung der Militärdiktatur durch die Regierung Papen/Schleicher, den Appell an die deutsche Arbeiterschaft, den Generalstreik für folgende Forderungen durchzuführen:
>
> 1. Fort mit der faschistischen Militärdiktatur und dem Ausnahmezustand.
>
> 2. Fort mit der faschistischen Papen-Regierung.
>
> 3. Her mit der uneingeschränkten Versammlungs-, Demonstrations-, Presse- und Organisationsfreiheit für die Arbeiterklasse.
>
> 4. Fort mit den faschistischen Notverordnungen gegen Kriegskrüppel,Erwerbslose, Rentner, Arbeiter, Angestellte und Beamte und gegen die Freiheit der Arbeiterbewegung.
>
> 5. Für die Entwaffnung der Konterrevolution.
>
> 6. Für das Verbot der SA und SS und Schließung der SA-Kasernen.
>
> Die Kommunistische Partei richtet vor der proletarischen Öffentlichkeit die Frage an die Sozialdemokratische Partei Deutschlands, an den ADGB und den AfA-Bund, ob sie bereit sind, gemeinsam mit der Kommunistischen Partei den Generalstreik durchzuführen, wie es dem Willen der Millionenmassen auch der sozialdemokratischen und freigewerkschaftlichen Arbeiter entspricht..." („Rote Sturmfahne", zitiert nach „Geschichte der deutschen Arbeiterbewegung", Band 4, Anmerkung 102.)

In dem Aufruf wurden alle Gewerkschaftskartelle aufgefordert, den Streik zu beschließen. Die Erwerbslosen wuren aufgerufen, sich nicht als Streikbrecher mißbrauchen zu lassen. Die Antwort der SPD-Führung war:

„Strengste Disziplin ist mehr denn je geboten. Wilden Parolen von unbefugter Seite ist Widerstand zu leisten."

Die SPD orientierte auf die nächste Reichstagswahl. Der Aufruf des sozialdemokratischen Parteivorstandes vom 20. Juli 1932 lautete:

> „An die Partei!
> Sozialdemokraten im Kampf um Freiheit!
> Der Kampf um die Wiederherstellung geordneter Rechtszustände in der deutschen Republik ist zunächst mit aller Kraft als Wahlkampf zu führen. Es liegt beim deutschen Volke, durch seinen Machtanspruch am 31. Juli dem gegenwärtigen Zustand ein Ende zu bereiten, der durch das Zusammenwirken der Reichsregierung mit der Nationalsozialistischen Partei entstanden ist. Die Organisationen sind in höchste Kampfbereitschaft zu bringen. Strengste Disziplin ist mehr denn je geboten. Wilden Parolen von unbefugter Seite ist Widerstand zu leisten! Jetzt vor allem mit konzentrierter Kraft für den Sieg der Sozialdemokratie am 31. Juli.
>
> Freiheit!
> Der Parteivorstand
> Berlin, 20. Juli 1932." („Vorwärts", Berlin, 21. Juli 1932)

Parallel dazu erklärten die Gewerkschaften:

> „Der Staatsgerichtshof ist angerufen. Die entscheidende Antwort wird das deutsche Volk, insbesondere die deutsche Arbeitnehmerschaft, am 31. Juli geben... Die vorbildliche Disziplin der deutschen Arbeiter, Angestellten und Beamten ist auch in diesen schweren Tagen unter allen Umständen aufrechtzuerhalten. Wir lassen uns die Stunde des Handelns von Gegnern der Gewerkschaften nicht vorschreiben." (ebenda)

Im „Vorwärts" erschien am 21. Juli eine „Warnung vor Provokateuren", die vom Ortsausschuß Berlin des ADGB und des AfA-Bundes unterzeichnet war. In ihr hieß es:

> „Haltet Disziplin, laßt euch nicht provozieren! Jetzt muß jeder wirkliche Kämpfer die Nerven behalten... Mit der zu Donnerstagabend von den Kommunisten einberufenen Betriebsrätekonferenz haben die Gewerkschaften nichts zu tun..."

Dazu die Stellungnahme des Reichswehrgenerals von Rundstedt:

> „Wohl habe ich im Laufe des Nachmittags das kommunistische Flugblatt, das zum Streik aufrief, in großer Zahl beschlagnahmen lassen, aber dankenswerterweise hat sich die Sozialdemokratische Partei dieser Streikparole nicht angeschlossen, sondern im Gegenteil zur Ruhe und Besonnenheit gemahnt." („12-Uhr-Blatt", Berlin, 21. Juli 1932)

Der Todesweg der Republik

1932

2. Juni 1932: SPD, KPD, Zentrum und Staatspartei verhindern durch einen Geschäftsordnungsbeschluß, daß ein Ministerpräsident aus den Reihen der NSDAP im Preußischen Landtag gewählt werden könnte.

4. Juni: Papen verliest im Rundfunk seine Regierungserklärung gegen „Wohlfahrtsstaat, Klassenkampf, Kulturbolschewismus".

5. Juni: Die KPD charakterisiert die Papen-Regierung als „Regierung der Vorbereitung der offenen faschistischen Diktatur".

15. Juni: Die Bezirksleitung Berlin-Brandenburg der KPD macht den Berliner Leitungen der SPD, des ADGB und des Reichsbanners ein Angebot auf gemeinsame Demonstration gegen die faschistische Gefahr. Das Angebot wird abgelehnt.

20. Juni: Die KPD erklärt sich bereit, für ein preußisches Landtagspräsidium aus Vertretern der SPD und des Zentrums zu stimmen, falls diese Parteien bereit sind, Nazis und Deutschnationale aus dem Präsidium auszuschließen. Der Vorschlag wird abgelehnt, auch als er am 22. Juni wiederholt wird.

21. Juni: ADGB und AFA-Bund proklamieren ein Programm der Verstaatlichung der Schlüsselindustrien, der Energie- und Verkehrswirtschaft, der Banken- und Versicherungsgesellschaften, sowie Enteignung des Großgrundbesitzes.

25. Juni: SA überfällt das sozialdemokratische Zentralorgan „Vorwärts" und schießt zwei Reichsbannermitglieder nieder. Der „Kampfbund gegen den Faschismus" erklärt sich bereit, zur Sicherung des „Vorwärts"-Gebäudes die Reichsbannerwache zu verstärken.

28. Juni: Ein Rundschreiben des Parteivorstandes der SPD verbietet Verhandlungen von Sozialdemokraten und Kommunisten und wendet sich gegen die „Antifaschistische Aktion".

13. Juli: Kommunisten, Sozialdemokraten, Reichsbanner und Kampfbund gegen den Faschismus verhindern das Auftreten Hitlers in Wuppertal.

17. Juli: Altonaer Blutsonntag. SA-Aufmarsch unter Schutz von Polizeipanzerwagen. 14 antifaschistische Arbeiter werden erschossen, rund 70 verletzt.

20. Juli: Staatsstreich Papens in Preußen. Die sozialdemokratischen Minister und Polizeipräsidenten räumen ihre Ämter. Ein Angebot der KPD zum gemeinsamen Widerstand wird von SPD und Gewerkschaften abgelehnt.

31. Juli: Reichstagswahl – NSDAP erstmals stärker als SPD und KPD zusammen. Bürgerliche Parteien werden weiter aufgerieben.

13. August: Hindenburg, Papen und Schleicher verhandeln mit Hitler über gemeinsame Regierungsbildung. Die Verhandlungen scheitern.

4. September: Eine weitere Notverordnung ermächtigt die Reichsregierung unbegrenzt zur Änderung der sozialpolitischen Gesetze und zu Eingriffen in die Sozialversicherung.

12. September: Auf Antrag der KPD spricht der Reichstag mit 512 gegen nur 42 Stimmen der Papen-Regierung das Mißtrauen aus. Hindenburg löst den Reichstag auf.

September bis Dezember: Gegen die Notverordnung vom 4. September finden rund 1100 Streiks statt. Höhepunkt ist der Berliner Verkehrsarbeiterstreik vom 3.–7. November. Rund 80 Prozent der Streiks enden erfolgreich, obwohl die Arbeitslosigkeit auf einem Höchststand angekommen ist.

13. Oktober: Eine Gruppe von Industriellen fordert in einer Eingabe das Verbot der RGO wegen deren Rolle bei den Streiks gegen die Notverordnung vom 4. September.

6. November: Reichstagswahlen. Die NSDAP verliert rund zwei Millionen Stimmen. SPD und KPD sind gemeinsam wieder stärker als die Hitler-Partei.

17. November: Papen muß zurücktreten.

19. November: Eine Gruppe von Bankiers und Industriellen fordert Hindenburg schriftlich auf, Hitler zum Reichskanzler zu ernennen.

28. November: Der Vorsitzende des ADGB, Leipart, und sein Stellvertreter Eggert, verhandeln mit Reichswehrminister Schleicher über eventuelle Tolerierung einer Schleicher-Regierung durch den ADGB.

3. Dezember: Schleicher wird zum Reichskanzler ernannt. Er versucht, gleichzeitig zu Hitlers Stellvertreter Gregor Strasser und zu der Führung des ADGB Kontakte herzustellen. Die KPD bezeichnet das Schleicher-Kabinett als „Platzhalterkabinett zur Vorbereitung einer Hitlerregierung".

Im Jahre 1932 sind nach Angaben der „Roten Hilfe" von der Polizei 81 und von SA und SS 139 Arbeiter erschossen worden. Politische Prozesse wurden gegen mehr als 33000 Antifaschisten anhängig gemacht. Die Arbeitslosenzahl ist auf rund 6 Millionen gestiegen.

1933

4. Januar: Hitler und Papen verhandeln im Hause des Bankiers Schröder über eine faschistische Koalitionsregierung.

7. Januar: Im Hause des Großindustriellen Kirdorf verhandeln Hitler, Heß und Göring mit Industriellen und Bankiers.

22. Januar: Im Hause Ribbentrops verhandeln Papen, Hindenburgs Staatssekretär Meißner und Hindenburgs Sohn Oskar mit Hitler, Göring und Frick über eine Regierungsbildung.

22. Januar: Betriebsrätekonferenz des ADGB und AFA-Bundes in Berlin. ADGB-Vorsitzender Leipart erklärt: „Wir als Gewerkschaften müssen mit jeder Regierung rechnen. Wir müssen mit jedem Arbeitsminister verhandeln. Wir müssen auch zum Reichskanzler gehen, er mag heißen wie er will."

Ebenfalls 22. Januar: SA-Aufmarsch unter starkem Polizeischutz vor dem Gebäude des Zentralkomitees der KPD, dem Karl-Liebknecht-Haus in Berlin.

25. Januar: Massendemonstration der KPD in Berlin als Antwort auf die SA-Provokation vom 22. Januar. „Vorwärts"-Chefredakteur Stampfer schreibt unter dem Eindruck dieser Demonstration einen Kommentar, der den Wunsch nach einer Einheitsfront SPD/KPD anklingen läßt.

28. Januar: Hindenburg entläßt das Schleicher-Kabinett.

29. Januar: Die KPD wiederholt ihr Einheitsfrontangebot vom 20. Juli 1932 an SPD und Gewerkschaften. Kommunisten nehmen an Kundgebungen der SPD und der „Eisernen Front" in Berlin, Braunschweig, Köln und Mannheim teil.

30. Januar: Hindenburg ernennt Hitler zum Reichskanzler. Die KPD erneuert ihr Einheitsfrontangebot an SPD und Gewerkschaften. Walter Ulbricht überbringt im Auftrage des kommunistischen Zentralkomitees dem Parteivorstand der SPD den Vorschlag, gemeinsam zum Generalstreik aufzurufen. Der Vorschlag wird zurückgewiesen. In fast allen Großstädten Deutschlands finden spontan gemeinsame Massendemonstrationen von Sozialdemokraten, Kommunisten und Gewerkschaftern gegen die Hitler-Regierung statt.

31. Januar: Parteivorstand und Reichstagsfraktion der SPD beschließen, ihre Anhänger zum Abwarten aufzurufen. Der ADGB schließt sich dieser Haltung an.

Ende Januar/Februar: Massendemonstrationen und Streiks gegen Nazi-Terror und Hitlerdiktatur in Berlin, Braunschweig, Breslau, Chemnitz, Dresden, Duisburg, Düsseldorf, Esslingen, Frankfurt am Main, Hamburg, Kaiserslautern, Karlsruhe, Köln, Konstanz, Leipzig, Mainz, Mannheim, München, Stuttgart, Worms, Wuppertal.

In Lübeck findet am 3. Februar ein Generalstreik statt, in Staßfurt am 6. Februar.

1. Februar: Hindenburg löst auf Wunsch Hitlers den Reichstag auf.

2. Februar: Die Polizei besetzt das Karl-Liebknecht-Haus, den Sitz des Zentralkomitees der KPD in Berlin. Demonstrationsverbot gegen die KPD in den Ländern Preußen, Thüringen, Oldenburg, Braunschweig, Mecklenburg und Anhalt.

3. Februar: Hitler verkündet vor den Befehlshabern der Reichswehr und der Reichsmarine die Losung „Eroberung neuen Lebensraumes im Osten" und „Ausrottung des Marxismus".

4. Februar: Erneutes Angebot Wilhelm Piecks im Auftrage der KPD an die sozialdemokratische Fraktion im Preußischen Landtag. Hindenburg erläßt eine Notverordnung, die vor allem Versammlungs- und Presseverbote gegen die Linke vorsieht. Die Kommunistische Partei Deutschlands wird faktisch in die Illegalität gedrängt.

6. Februar: Auf einer Pressekonferenz erneuert Wilhelm Pieck das Einheitsfrontangebot an die SPD.

7. Februar: Illegale Tagung des Kommunistischen Zentralkomitees in Ziegenhals (Kreis Königswusterhausen). Thälmann erneuert das Einheitsfrontangebot an SPD und Gewerkschaften.

15. Februar: Sechs Kartelle des ADGB und 30 lokale Gewerkschaftsleitungen unterzeichnen einen Appell „Eine Not, ein Feind, ein Kampf" zur antifaschistischen Einheitsfront.

16. Februar: Carl von Ossietzky erklärt auf der Versammlung der Schriftsteller in Berlin: „Heute sollten wir wissen, daß links von uns nur noch Verbündete stehen."

17. Februar: Schießerlaß des preußischen Innenministers Göring an SA, SS und Stahlhelm.

20. Februar: Krupp, IG-Farben, Vereinigte Stahlwerke stellen der NSDAP drei Millionen Mark für den Wahlkampf zur Verfügung.

22. Februar: SA, SS und Stahlhelm werden in Preußen Hilfspolizei.

24. Februar: Generalstreik in Hannover.

27. Februar: Reichstagsbrand. Mehr als 10000 Kommunisten und Sozialdemokraten werden verhaftet, die kommunistische Presse unterdrückt.

28. Februar: Eine Notverordnung Hindenburgs setzt unter dem Vorwand der „Abwehr kommunistischer staatsgefährdender Gewaltakte" praktisch alle demokratischen Rechte der Verfassung außer Kraft.

3. März: Ernst Thälmann, Vorsitzender der KPD, wird verhaftet.

5. März: Reichstagswahlen unter faschistischem Terror. Die NSDAP erhält 43,9 Prozent der Stimmen. Die SPD etwas über sieben Millionen (18,3 Pro-

zent), die KPD 4,8 Millionen (12,3 Prozent). Die Hitler-Partei hat nicht die erhoffte absolute Mehrheit erhalten. Die Hitler-Koalition (NSDAP und Deutsch-Nationale) verfügt nicht über die verfassungsändernde Zweidrittel-Mehrheit.

Im Laufe des März werden mehr und mehr sozialdemokratische Organisationen, so Reichsbanner und Eiserne Front, in den einzelnen Ländern des Reiches verboten.

8. März: Der Bundesvorstand des ADGB wendet sich an den preußischen Innenminister Göring mit der Bitte, „alles Erforderliche zum Schutz von Leben und Gesundheit der Mitglieder und des Eigentums der Gewerkschaften“ zu verjnlassen.

11. März: Die Gleichschaltung beginnt im Schriftstellerverband.

14. März: Erneutes Einheitsfrontangebot der KPD an die SPD. Erneute Ablehnung.

25. März: Der Reichstag wird in Potsdam eröffnet. Die Abgeordneten der SPD bleiben fern. Die Mandate der 81 Abgeordneten der KPD sind durch Hitlers Innenminister für ungültig erklärt worden; ein großer Teil der KPD-Abgeordneten befindet sich bereits in Haft.

Hindenburg verfügt die Einführung von Sondergerichten und erläßt eine Amnestie für alle wegen Terrorakten verurteilten Nazis.

23. März: Hitler läßt sich durch den Reichstag ein Ermächtigungsgesetz geben. Alle bürgerlichen Parteien stimmen zu. Die SPD stimmt mit Nein. Die verfassungsmäßig notwendige Zweidrittel-Mehrheit für dieses Ermächtigungsgesetz existiert nicht; sie wird nur dadurch „errechnet“, daß die kommunistischen Abgeordneten durch Polizeigewalt ausgeschaltet werden.

24. März: Dankadresse des Reichsverbandes der Deutschen Industrie an Hitler.

28. März: Loyalitätserklärung der katholischen Bischöfe für die Regierung Hitler.

30. März: Der Parteivorsitzende der SPD, Otto Wels, erklärt den Austritt aus der Sozialistischen Internationale.

31. März: Die Länder werden mit dem Reich gleichgeschaltet, die Landtage aufgelöst, Reichsstatthalter in den Ländern durch Hitler ernannt.

Die Mitglieder des Parteivorstandes der SPD Hertz, Stampfer und Wels reisen ins Ausland mit Pässen, die ihnen Göring ausgestellt hat, um die antinazistische Berichterstattung der Auslandspresse gegen Hitler-Deutschland zu bremsen.

SA und SS richten die ersten Konzentrationslager ein.

März/April: Betriebsrätewahlen: Die ersten Teilergebnisse zeigen, daß die nazistische NSBO nur knapp ein Fünftel der Stimmen erhält. Die Hitler-Regierung läßt die Betriebsrätewahlen abbrechen.

1. April: Organisierter Judenboykott der SA in ganz Deutschland.

4. April: Hitler bildet einen „Geheimen Reichsverteidigungsrat".

6. April: Auf Forderung des Reichsverbandes der Industrie verbietet die NSDAP jeden „Eingriff in die Wirtschaft".

19. April: Der Bundesvorstand der ADGB ruft die Mitglieder auf, sich an den Mai-Feierlichkeiten der Hitlerregierung zu beteiligen.

2. Mai: Besetzung der Gewerkschaftshäuser durch SA und SS. Liquidierung der freien Gewerkschaften.

10. Mai: Bücherverbrennungen in allen deutschen Universitätsstädten.

17. Mai: Reichstagssitzung. Dem von Hitler vorgetragenen außenpolitischen Programm stimmt auch die Fraktion der SPD zu. Die emigrierten Mitglieder des Parteivorstandes distanzieren sich von dieser Abstimmung.

18. Juni: In der Tschechoslowakei erscheint die erste Ausgabe des Zentralorgans des sozialdemokratischen Exil-Parteivorstandes, der „Neue Vorwärts". Im Aufruf des PV heißt es: „Es gibt keine wahre Demokratie ohne die Herrschaft der Arbeiterklasse. Darum fordern wir die Enteignung der Großkapitalisten und Großagrarier und den planmäßigen Umbau der kapitalistischen Wirtschaft zu einer sozialistischen."

19. Juni: Unter Führung von Paul Löbe wählen die in Hitlerdeutschland verbliebenen SPD-Führer einen neuen Parteivorstand, der keine jüdischen Mitglieder mehr enthält.

21. Juni: Beginn der Köpenicker Blutwoche. Mehr als 500 Sozialdemokraten, Kommunisten und Gewerkschafter werden verschleppt, 91 von ihnen ermordet, die anderen zum Teil grauenhaft gefoltert.

22. Juni: Der SPD wird jede politische Tätigkeit untersagt. Ihre Abgeordnetenmandate werden kassiert. Etwa 3000 SPD-Funktionäre kurzfristig verhaftet, das Vermögen beschlagnahmt. Anschließend lösen sich die bürgerlichen Parteien selbst auf.

20. Juli: Der Vatikan schließt das Reichskonkordat mit Hitler.

Weiter bergab

In den Anmerkungen zu den Akten des sozialdemokratischen Parteivorstandes über die Auswirkungen des Staatsstreichs vom 20. Juli heißt es:

> „Grzesinski notierte am 29. August: Kritik sozialdemokratischer Redner am Verhalten der preußischen Minister werde regelmäßig mit stürmischem Beifall begleitet. Unter dem 31. August stellt er fest, bei Parteiversammlungen seien ‚die Genossen sehr aufgebracht über die Entwicklung der Dinge'. Breitscheid, der am 26. November auf dem Berliner Bezirksparteitag die Haltung der Parteiführung am 20. Juli verteidigte, stieß auf heftigen Widerspruch." (Akten SPD-PV, Seite 18)

Otto Buchwitz, selbst Mitglied des Parteiausschusses der SPD, berichtet, daß er wenige Tage vor dem 20. Juli zusammen mit anderen Funktionären aus den SPD-Bezirken Breslau und Oberschlesien zu Severing gefahren war:

> „Nach mehrstündigem Verhandeln und unseren sich immer wiederholenden Warnungen entließ er uns mit den Worten: ‚Seid gewiß, in der Stunde der Gefahr werde ich das Reichsbanner zur Hilfspolizei erklären und bewaffnen.' Einigermaßen beruhigt fuhren wir heim und sagten uns, wenn Carl Severing das tut, dann werden wir noch mit der reaktionären Brut fertig.
>
> Dann kam der 20. Juli 1932, der Papen'sche Staatsstreich. Der Kanzler aus dem Club der Herrenreiter verjagte die preußische Regierung aus ihren Ämtern. Severing erklärte zwar: ‚Ich weiche nur der Gewalt.' Er tat aber nichts von dem, was er uns Vertretern der schlesischen Arbeiterschaft wenige Wochen vorher versprochen hatte, sondern ließ sich von einigen Knechten Papens aus seinem Arbeitszimmer führen. Carl Severing, auf welchen die sozialdemokratische Arbeiterschaft besonders stolz war, Carl Severing, der Mann, der rechtens über die gesamte preußische Polizei verfügte – er kapitulierte vor zwei Papen'schen Hausknechten. Ich sah in jenen Tagen Reichsbannerleute weinen. Alte Funktionäre warfen uns die Mitgliedsbücher hin. Auch in der SPD-Reichstagsfraktion war ein großes Erschrecken. Für die preußische Machtposition wurden ja die unerhörten Opfer in der Reichspolitik gebracht. Die Opposition in der Partei forderte den Generalstreik, und die Arbeiterschaft unterstützte das Angebot der KPD an den SPD-Vorstand und an den ADGB für ein gemeinsames Kampfbündnis. Aber vergebens! Der naive Kinderglauben der Unverantwortlichen an die Allmacht des Stimmzettels war größer als der Glaube an die revolutionäre Kraft einer einigen Arbeiterklasse." (Buchwitz, Seite 138/139)

Wilhelm Hoegner, ebenfalls Abgeordneter der sozialdemokratischen Reichstagsfraktion zu jener Zeit, schildert:

„Der schwerste Schlag des Jahres 1932 war die Preisgabe der roten Feste Preußen gewesen. Die deutsche Sozialdemokratie hatte sie am 20. Juli 1932 kampflos geräumt. Dabei war der Versuch eines Widerstandes gegen den Staatsstreich des Reichskanzlers Papen und seiner Regierung der Barone gar nicht aussichtslos. Gegen Papen standen die süddeutschen Staaten, die in der Absetzung der preußischen Regierung einen unzulässigen Eingriff der Staatsgewalt in die verfassungsmäßigen Rechte der Länder erblickten. Gegen Papen eingestellt waren ferner große Teile der preußischen Landespolizei. Die meisten ihrer Offiziere waren, getreu ihrem Eid, zur Verteidigung der rechtmäßigen Regierung Braun mit Waffengewalt entschlossen. In den Berliner Großbetrieben warteten die Vertrauensleute der freien Gewerkschaften fiebernd auf das Zeichen zum Beginn des Generalstreiks. Bei der Erbitterung der Zentrumspartei gegen den abtrünnigen Katholiken Papen wären auch die christlichen Gewerkschaften im Rheinland und in Westfalen in den Streik mit hineingerissen worden. Ebenso wären, trotz aller Verhetzung gegen die Sozialdemokratie, genau wie beim Kapp-Putsch (1920) auch die Kommunisten in die Front gegen die Verfassungsbrecher eingeschwenkt. Die preußische Polizei hätte durch Zehntausende erprobter Reichsbannerleute verstärkt werden können. Für die preußische Regierung sprachen aber vor allem Recht und Verfassung, die damals noch stark genug gewesen wären, Zaudernde und Schwankende auf ihre Seite zu ziehen.

Auf der anderen Seite verfügte Papen, solange ihn Hindenburg hielt, über die Reichswehr und nach den Abmachungen zwischen Schleicher und Hitler auch über die nationalsozialistische SA. Aber diese wäre in Süddeutschland, im Rheinland, in Hessen und Sachsen wohl gar nicht zur Entfaltung gekommen, sondern von der Polizei eingesperrt worden. So hätten vielleicht ein paar Tage Verwirrung im Norden und eine drohende Sprache der süddeutschen Regierungen genügt, die Umgebung des greisen Reichspräsidenten zur Vernunft zu bringen. Eine Spaltung des deutschen Volkes in zwei feindliche Lager, die Wiederaufreißung der Main-Linie, den blutigen Kampf zwischen Reichswehr und Landespolizei hätten die politischen Falschspieler im Reichskanzlerpalais dem alten Hindenburg kaum zuzumuten gewagt.

Aber die deutsche Sozialdemokratie besaß schon damals nicht mehr die Kraft zu einer entschlossenen Tat. Es reichte gerade noch zu einer kraftmeierischen Geste aus.“ (Hoegner, Seite 31/32)

Die Einschätzung Hoegners wird aus interner Kenntnis der Situation der Reichswehr durch einen der engsten Mitarbeiter des Generals von Schleicher, dem späteren Botschafter Hitlers in Japan, Ott, bestätigt. Ott hatte 1932 im Auftrage der Reichswehrführung zu prüfen, ob die Reichswehr einem Ausnahmezustand gewachsen sein würde. Er gibt darüber zu Protokoll:

„Ich erhielt als Leiter der politischen Abteilung des Reichswehrministeriums die Genehmigung, diese Frage in einer kriegsspielartigen Studie zu klären. Wir versammelten im November 1932 die Vertreter aller Staatseinrichtungen, die für einen Ausnahmezustand von Wichtigkeit waren. In dreitätiger Studie wurde der militärische Ausnahmezustand im gesamten Reichsgebiet untersucht, für jeden Teil des Reiches nach der besonderen Lage, die dort voraussichtlich entstehen würde. Es wurde festgestellt, welche Maßnahmen notwendig und welche möglich werden würden. Die Bilder des örtlichen Notstandes waren von großer Verschiedenheit, das Bild der staatlichen Abhilfe war überall gleich unzulänglich.

So trat für Ostpreußen die Sicherung der Landesgrenze in den Vordergrund. Die Grenzziehung nach dem Versailler Vertrag wa r noch scharf umstritten und das Verhältnis zu Polen sehr gespannt. Es lag durchaus im Bereich des Möglichen, daß radikale polnische Elemente die Spannung der deutschen inneren Lage zum Zugriff auf Ostpreußen auszunützen versuchten. Die ostpreußische Division – im Konfliktsfalle vom Reichsgebiet abgeschnitten und nur auf die eigenen Kräfte gestellt – war gezwungen, sich auf möglichst große wehrbereite Teile der Bevölkerung zu stützen, um auch nur einen schwachen Grenzschutz aufzustellen. Die überwiegende Mehrzahl solcher Verstärkungen mußte aus den Reihen der NSDAP kommen, denn sie hatte in Ostpreußen die Führung besonders der Jugend beherrschend an sich gebracht. Bei einem Ausnahmezustand gegen den Nationalsozialismus fielen diese Kräfte aus. Die Truppe war also vor zwei Aufgaben gestellt, erstens, den Grenzschutz gegen Polen aufzustellen, und zweitens an der inneren Front für den Ausnahmezustand den Rest zu verwenden. Hinzu kam die ernste Gefahr eines inneren Konfliktes der Truppe, denn in dem isolierten Ostpreußen war es uns am wenigsten gelungen, sie von den nationalsozialistischen Einflüssen fernzuhalten. Es ergab sich also, daß die Truppe nach zwei Fronten mit ganz unzulänglichen Kräften einzusetzen wäre und die Disziplin einer gefährlichen Belastung unterworfen würde. Eine Verstärkung aus dem Reiche war undenkbar.

Im Gebiet von Hamburg war mit dem Generalstreik der Hafenarbeiter zu rechnen. Dieser würde lebenswichtige Funktionen des Hafens stilllegen, nämlich die weithin ausstrahlende Lebensmittelzufuhr und den größten Teil des überseeischen Güteraustauschs Deutschlands. Die verfügbaren Kräfte an Polizei, Reichswehr und Reichsmarine waren gering; die Hauptlast in der Bekämpfung dieses Streiks fiel auf die Technische Nothilfe. Deren Leiter erklärte sich außerstande dazu; denn ihre Ausrüstung sei solchen Anforderungen nicht gewachsen, und die Mehrzahl der freiwilligen Nothelfer seien Nationalsozialisten und würden mit Sicherheit ausfallen.

> Für das Rhein-Ruhr-Gebiet waren drei Hauptfolgen zu prüfen: die Lahmlegung des Bergbaues und der Schwerindustrie, die Einstellung der Rheinschiffahrt, das Wiederaufleben separatistischer Umtriebe. Die Lage war hier besonders kritisch, weil in der entmilitarisierten Zone jeder Einsatz der Wehrmacht auch bei einem Notstand verboten war. Die Aufrechterhaltung der Ordnung lag allein bei der Landespolizei, die sich bei den früheren Unruhen im Ruhrgebiet als bei weitem zu schwach erwiesen hatte. Nach den Erfahrungen der vergangenen Monate war es außerdem zweifelhaft, wie weit die Polizei bereit wäre, gegen den kommunistischen Terror vorzugehen – eine im Ruhrgebiet vordringliche Frage. So war auch im Zentrum des deutschen Wirtschaftslebens die Aufrechterhaltung der Ordnung nicht zu gewährleisten.
>
> Zu dem gleichen Ergebnis kamen unsere Untersuchungen in allen übrigen Gebieten des Reiches. Es erwies sich als unmöglich, irgendwelche Ordnungskräfte auszusparen und an den Schwerpunkten der Krise zusammenzuziehen.
>
> Als Ergebnis unserer Studie habe ich dem Reichswehrminister gemeldet, daß alle Vorbereitungen getroffen seien, um einen etwa befohlenen Ausnahmezustand unverzüglich in Gang zu setzen. Es habe sich aber bei sorgfältiger Abwägung gezeigt, daß die Ordnungskräfte des Reiches und der Länder in keiner Weise ausreichten, um die verfassungsmäßige Ordnung gegen Nationalsozialisten und Kommunisten aufrechtzuerhalten und die Grenzen zu schützen. Es sei daher die Pflicht des Reichswehrministers, die Zuflucht der Reichsregierung zum militärischen Ausnahmezustand zu verhindern." (Kühnl „Der deutsche Faschismus in Quellen und Dokumenten", Köln, Seite 169ff.)

Statt aber den Kampf aufzunehmen, bevor es zu spät war, erklärte sich Otto Braun bereit, „loyal und sachlich, zum Besten des Reiches und Preußens, an der Lösung all dieser Fragen mitzuwirken". („Vorwärts", Berlin, 27.10.1932)

Auf der Sitzung des Parteiausschusses vom 10. November 1932 erklärte gar der Parteivorsitzende Wels, die SPD-Mitglieder sollten „froh sein darüber, wenn unsere Leute in der Preußen-Regierung das so ruhig betrachten". (Akten SPD-PV Seite 20)

Er schlug vor, einen Antrag einzubringen, der nachträglich Ausführungsbestimmungen für den Notstandsartikel 48 der Verfassung enthalte, mit dessen Hilfe die Preußen-Regierung bereits gestürzt worden war. In diesem Zusammenhang solle die Tolerierung, die bisher Brüning gegenüber angewandt wurde, nun auch für Papen gelten:

> „Dieser Gesetzentwurf müßte drei Lesungen passieren. Und wir könnten sagen: Ehe er nicht verabschiedet ist, darf die Regierung nicht gestürzt werden." (Akten SPD-PV, Seite 24)

Tarnow von ADGB-Vorstand hatte wenige Tage zuvor im Namen der Gewerkschaftsführung ebenfalls ein Angebot an die Papen-Regierung gemacht. Der ADGB sei bereit, „dem wirtschaftlichen Teil des Regierungsplanes die Chance zuzubilligen, seine Brauchbarkeit unter Beweis zu stellen". (ebenda)

Die Erregung der sozialdemokratischen Mitgliedschaft wirkte aber bis in den Parteiausschuß hinein. In der Sitzung vom 10. November gab es Kritik von allen Seiten.

> Rudolf Hilferding: „Es durfte nicht sein, daß in der ersten Verlautbarung davon gesprochen wurde, daß die preußische Regierung alles daransetzen wird, im Einvernehmen mit der Papen-Regierung ihre Politik einzurichten."
>
> Mathilde Wurm (Berlin): „Die Massen haben zu diesen politischen Hin und Her weder Verständnis noch Vertrauen. Gegen ein Mißtrauensvotum gegen Papen zu stimmen, kann doch hier nicht erörtert werden...! Das was Genosse Severing gesagt hat, über die Einstellung Hindenburgs zum Artikel 48 hat mich erschüttert. Wenn wir das an dem Tage gewußt hätten, wo sich der Parteiausschuß für Hindenburg im ersten Wahlgang erklärt hatte, dann glaube ich sicher, daß die meisten von uns schwere Bedenken gehabt hätten, sich für Hindenburg einzusetzen."
>
> Dietrich (Weimar): „Soll das Komödienspiel nun so weitergehen? Sollten da nicht die Minister lieber auf ihre Statistenrolle verzichten? Wenn die Minister doch nur Statisten sind, dann ist es wirklich besser, sie treten zurück."
>
> Böchel (Chemnitz): „Wir haben unsere Niederlage ja weg. Severing gibt zu, daß die Minister nicht einmal die Rolle von Statisten spielen. Was ist denn da noch zu verlieren, wenn wir durch eine große, weithin sichtbare Protestaktion nur noch die minderwertige Rolle der Statisten verlieren? Man klammert sich an diese letzte Illusion, als hätte das noch etwas zu sagen, als könnte sie uns noch irgendwie helfen... Die Partei macht sich doch lächerlich und wird nicht mehr ernstgenommen, oder die Massen laufen in der Irre herum und wissen nicht was sie sollen."
>
> Toni Sender: „Was haben wir denn in Preußen noch zu verlieren? ... Ihr habt doch schon so oft, auch auf dem Parteitag, von außerparlamentarischen Aktionen geredet. Habt Ihr Euch denn dabei gar nichts gedacht?"
>
> Lehmann (Breslau): „Unsere Wähler werden sagen: Ihr habt doch einmal die Macht besessen. Und wenn wir ihnen nun erklären würden: ‚Wenn wir wieder mal an die Macht kommen, dann...', dann wird sofort der Einwand kommen: Warum habt ihr sie nicht gebraucht, als Ihr sie

gehabt hattet; Wir dürfen uns hier nicht nur etwas erzählen, es muß auch in eine Form gegossen werden. Warum greifen wir Hindenburg nicht an, nachdem so etwas bekanntgeworden ist? Über das, was Genosse Severing heute gesagt hat, ist man im Grunde genommen entsetzt. Das müßten wir unserer Parteigenossenschaft mitteilen, daß wir das gewußt haben, als wir ihn herausstellten!" (Akten SPD-PV, Seite 57/58)

Aber sie griffen auch Hindenburg nicht an, der sie verraten hatte und alle Vorbereitungen traf, die Verfassung, auf die er geschworen hatte, nun endgültig zu verraten. Stattdessen klagten sie beim Staatsgerichtshof gegen den Papenputsch und spielten die „Statistenrolle", das heißt, Severing und seine Kollegen bezeichneten sich als „Minister", obwohl sie keinerlei Befugnisse mehr hatten.

Noch nachdem sie aus dem Amt gejagt war, berief sich die Braun/Severing-Regierung darauf, daß sie den Hauptfeind immer links gesehen habe. Ihr Vertreter, Ministerialdirektor Dr. Brecht, trug bei Prozeßeröffnung am 20.10.32 dem Gericht vor:

„Braun und Grzesinski haben bereits 1929 ein Verbot gegen den Roten-Front-Kämpfer-Bund erlassen, während sie von einem Verbot gegen die entsprechende Organisation der NSDAP abgesehen... haben...; während Severing damals als Reichsminister des Innern dieses in Preußen erlassene Verbot allen andern Ländern mitteilte, mit der Bitte, auch ihrerseits ein solches Verbot zu erlassen." (Preußen contra Reich, Berlin, 1933, Seite 22)

Immer wieder betont die abgesetzte Preußen-Regierung dies als ihr Verdienst. Der Vertreter Papens hatte Reichsgerichtsurteile erwähnt, wonach die KPD eine „staatsfeindliche Partei" sei. Dazu der Vertreter Braun/Severings:

„Woher stammt das Material zu diesen Urteilen? Der preußische Innenminister Severing und sein Amtsvorgänger, der preußische Innenminister Grzesinski, haben das Material dem Oberreichsanwalt übergeben. Der frühere Oberreichsanwalt Ebermayer hat sich uns dafür als Zeuge zur Verfügung gestellt. Er wird bestätigen, daß ihn die genannten Minister aufs kräftigste in der Durchführung des Nachweises vor dem Reichsgericht unterstützt haben." (ebenda, Seite 41)

Im Schlußwort, am 17. Oktober 1932, bat die Regierung Braun/Severing noch einmal, anzuerkennen, daß sie immer „ihre Pflicht" gegen die Kommunisten getan habe:

„Wenn daran noch irgend ein Zweifel bei den Herren Mitgliedern des Gerichts besteht, so gibt es kaum einen Ort, wo sie sich deutlicher davon überzeugen können, als innerhalb des Reichsgerichts selbst... Der vierte Strafsenat hat Material genug dafür in Händen." (ebenda, Seite 398)

Sie berief sich darauf, daß Otto Braun dem Monarchisten Hindenburg – der ihn inzwischen durch Papen hatte davonjagen lassen – acht Millionen sozialdemokratische Stimmen zugeführt hatte:

> „Herr Ministerpräsident Braun hatte im Jahr 1925 bei der Reichspräsidentenwahl im ersten Wahlgang rund 8 Millionen Stimmen erhalten. Im März 1932 führte er diese Stimmen unter dem wütenden Widerspruch der Kommunisten dem Herrn Reichspräsidenten Hindenburg zu." (ebenda, Seite 396f.)

Brauns Parole hatte gelautet: „Wählt Hindenburg und Ihr schlagt Hitler." Die Wahlparole der KPD für ihren Kandidaten Thälmann hieß: „Wer Hindenburg wählt, wählt Hitler, und wer Hitler wählt, der wählt den Krieg."

Sogar auf sozialdemokratische Hilfestellung bei der illegalen Aufrüstung unter der Papen-Regierung beriefen sich die abgesetzten Preußen-Minister:

> „Ich habe insbesondere erzählt von der positiven Zusammenarbeit beim Reichshaushalt... Ein besonders schwieriger Punkt war, wie immer, der Reichswehrhaushalt. Da hat die Preußische Regierung in diesem Jahr auf Wunsch der Reichsregierung und besonders des Reichswehrministers mit Rücksicht auf die Genfer Verhandlungen davon abgesehen, über den Reichwehrhaushalt im Plenum und sogar im Ausschuß des Reichsrats irgend etwas zu äußern. War das illoyal? War das Fronde? War das Abhängigkeit von den Kommunisten? Oder auch nur Abhängigkeit von der Stimmung in der eigenen Partei?" (ebenda, Seite 397)

Gegenüber den Reichswehrgeneralen war das sicherlich nicht „illoyal". Wie es sich aber mit der Loyalität gegenüber der eigenen Parteimitgliedschaft und Wählerschaft verhielt, darüber machte man sich offenbar keine Skrupel.

So kam ganz zum Schluß noch einmal die Versicherung, daß Papen, Schleicher (und dann auch Hitler) keine Sorge um eine etwaige Bereitschaft der SPD-Führung zur Schaffung einer Einheitsfront der Linken zu haben brauchten:

> „In Wahrheit ist es keinem Sozialdemokraten bekannt, daß heute die Einheitsfront mit den Kommunisten auch nur in der Presse gefordert wird, geschweige denn, daß irgendwelche Schritte zu ihrer Bildung gemacht werden." (ebenda, Seite 408)

Der Staatsgerichtshof dachte nicht daran, diese Versicherungen zu honorieren – die SPD hatte ihre Schuldigkeit getan, sie wurde nicht mehr gebraucht.

Auch die Illusion vom Appell an die Wählerschavt zerstob. Am 31. Juli 1932 verlor die SPD über 600000 Stimmen. Die KPD gewann zwar fast ebenso viele, aber die beiden Parteien hatten erstmals gemeinsam weniger Stimmen als die NSDAP, während sie 1930 noch rund doppelt so viele Wähler wie Hitler gehabt hatten. Das Ergebnis der Reichstagswahl nach Papens Staatsstreich lautet (Vergleichsziffern von 1930 in Klammern):

SPD	7951245	(8575016)
NSDAP	13732779	(6401210)
KPD	5278059	(4590179)

Der Berliner Verkehrsarbeiterstreik 1932

Die brutalen Notverordnungen Papens, insbesondere die vom 4. September 1932 mit Lohnkürzungen und weiteren sozialen Verschlechterungen, lösten eine umfassende Streikwelle in ganz Deutschland aus. Von September bis Dezember wurden nicht weniger als 1100 Streiks gezählt, vor allem in Klein- und Mittelbetrieben der Metall-, Textil- und Bauindustrie. Die Führung des sozialdemokratischen ADGB widersetzte sich allerdings meist den Streikbeschlüssen, da sie davon ausging, in der Krise seien soziale Verschlechterungen unvermeidlich und nicht zu verhindern. Die Ergebnisse der Streikaktionen widerlegten dieses Vorurteil: Rund 80 Prozent der Lohnkämpfe endeten erfolgreich.

Da die Kämpfe meist von der RGO geführt wurden, verlangte eine Gruppe von Industriellen am 13. Oktober in einer Eingabe an die Papenregierung das Verbot der RGO. Die ADGB-Führung, die weder Streiks führen noch die Verantwortung für die Lohnkürzungen übernehmen wollte, sah ihr Heil in der Zwangsschlichtung durch den Staat. Statt im Rahmen einer Tarifautonomie die Arbeitsbedingungen festzulegen, sollte der von der Papenregierung eingesetzte Zwangsschlichter die Lohnhöhe, Arbeitszeit etc. diktieren. Der ADGB-Vertreter Graßmann unterstrich das in der Sitzung des SPD-Parteivorstands am 10. November 1932 ausdrücklich:

> „Der Bundesvorstand hat durch den Genossen Leipart wiederholt in unseren Bundesausschuß-Sitzungen die Parole ausgesprochen: Auf keinen Fall los vom Schlichtungswesen... Das, was wir brauchen, ist die Verbindlichkeitserklärung." (Akten PV-SPD, Seite 61)

Diese Worte wurden gesprochen, 48 Stunden nachdem der Streik der Verkehrsarbeiter in Berlin zu Ende gegangen war, ein Streik, der internationales Aufsehen erregte und bis heute in der politischen Diskussion eine Rolle spielt.

Vom 3. bis zum 7. November 1932 streikten die Arbeiter der Berliner Verkehrsgesellschaft. Dieser Streik, ausgelöst durch eine Lohnkürzung, die

die Papen-Regierung per Notverordnung angeordnet hatte, war von großer politischer Bedeutung. Er zeigte, daß auch in der Wirtschaftskrise, bei sechs Millionen Arbeitslosen, große Teile der Arbeiterschaft entschlossen waren, gegen die sozialreaktionären Maßnahmen Papens zu kämpfen. Bis heute jedoch wird die Behauptung verbreitet, der Streik hätte sich „gegen die SPD" gerichtet, ja, „Kommunisten und Nationalsozialisten hätten gemeinsam die SPD in diesem Streik bekämpft". Tatsache ist jedoch:

Im November 1932 gab es keinen sozialdemokratischen Minister im Deutschen Reich. Es gab keinen sozialdemokratischen Minister im Lande Preußen, zu dem die Stadt Berlin gehörte. Der Streik konnte sich also gar nicht gegen die SPD richten. Ein anderes ist die Haltung der SPD zu diesem Streik. Die inzwischen vorliegenden Akten des Parteivorstandes der SPD sprechen dazu eine deutliche Sprache.

Dem Streikausbruch war eine Urabstimmung am 2. November 1932 vorausgegangen. Darüber berichtet der Chefredakteur des sozialdemokratischen „Vorwärts", Friedrich Stampfer, in seinen Memoiren:

> „Kurz vor den Wahlen kam es zu einem Streik, der in der Geschichte der deutschen Arbeitskämpfe einzig dasteht. Am 2. November wurde bei der BVG, der Berliner städtischen Verkehrsgesellschaft, eine Urabstimmung über Annahme der Kürzung der Stundenlöhne um 2 Pfennig oder Streik vorgenommen. 14471 waren für Streik, 3993 für Annahme der Kürzung, 3365 blieben der Abstimmung fern. Die Dreiviertelmehrheit war nicht erreicht." (Stampfer, Seite 649)

Die Rechnung Stampfers ist aber unkorrekt, da er auch die Angestellten der BVG zu den „Ferngebliebenen" rechnet, obwohl diese von dem Streikerlaß gar nicht betroffen waren und demgemäß mit der Urabstimmung nichts zu tun hatten. Unter den Arbeitern war also die notwendige Quote erreicht, sogar überschritten.

Dennoch erklärten der Parteivorstand der SPD und die Führung der sozialdemokratischen Gewerkschaft ADGB den Streik für „wild". Die gegen die Streikenden eingesetzte Polizei erschoß vier Arbeiter und verhaftete mehr als 500 Streikposten. Nach Brünings Urteil war der BVG-Streik keineswegs ein Streik von Kommunisten gegen Sozialdemokraten. Er schreibt, daß sich

> „beim Berliner Straßenbahnerstreik die stets latente Möglichkeit einer Zusammenarbeit zwischen Nazis, Kommunisten und Sozialdemokraten zeigte." (Brüning, Seite 632)

Die Streikleitung setzte sich nämlich aus Kommunisten, Sozialdemokraten, ADGB-Mitgliedern und sogar SA-Leuten zusammen. Der Berliner Gauleiter der NSDAP, Joseph Goebbels, hatte, als er die Stimmung erkannte, die Parole ausgegeben, den Streik zu unterstützen. Die Sympathie der nationalsozialistischen Anhänger für den Kampf gegen den Lohnabzug war so stark, daß Goebbels sich zu diesem Manöver gezwungen sah.

Hitler selbst hat das bestätigt. Wenige Tage nach Streikende, am 19. November 1932, war Hitler zu Verhandlungen beim Reichspräsidenten von Hindenburg. Hindenburgs Staatssekretär, Otto Meißner, hielt darüber in seiner Niederschrift fest:

„Auf eine Frage des Herrn Reichspräsidenten, warum die nationalsozialistische Bewegung sich bei dem Berliner Verkehrsstreik beteiligt hat, erwiderte Adolf Hitler: ‚Die Leute sind sehr erbittert. Wenn ich meine Leute von der Beteiligung abgehalten hätte, hätte der Streik doch stattgefunden, aber ich hätte meine Anhänger in der Arbeiterschaft verloren; das wäre auch kein Vorteil für Deutschland'." (Dokumente zur Deutschen Geschichte, 1929–1933, Seite 82/83)

Was sich aber hinter den Kulissen abgespielt hat, das wird aus den inzwischen veröffentlichten Akten des Sozialdemokratischen Parteivorstandes deutlich. Auf der PV-Sitzung am 10. November 1932, also unmittelbar nach Streikende, erklärte das ADGB-Vorstandsmitglied, Graßmann:

„Für mehr als 20000 städtische Arbeiter ist kurze Zeit vor den Verhandlungen mit der BVG ein Schiedsspruch zustande gekommen, der den Leuten vier Pfennig vom Stundenlohn nimmt, während die Regelung mit den Verkehrsarbeitern nur einen Abzug von zwei Pfennigen vorsah. Nun stellen Sie sich einmal die Lage für die Organisation vor: Den städtischen Arbeitern hat man gesagt: ‚Ihr müßt vier Pfennig Lohnabzug hinnehmen, ein Streik ist unmöglich.' Und den wegen zwei Pfennig Lohnabzug streikenden Verkehrsarbeitern müßte man eine Unterstützung durch die Organisation gewähren. Dieses unglückliche Zusammentreffen hat nun leider Gottes die politische Wirkung gehabt." (Akten des SPD-PV, Seite 61)

Das Berliner PV-Mitglied Litke wurde noch deutlicher:

„Es wäre durch einen sozialdemokratischen Antrag (im Aufsichtsrat der BVG) die Möglichkeit vorhanden gewesen, daß der Zwei-Pfennig-Lohnabzug nicht vorgenommen wurde. Warum ist denn der Aufsichtsrat nicht zusammengetreten? Weil die Mitglieder der Bezirksleitung des Gesamtverbandes gesagt haben: ‚Das darf es nicht geben; wenn das geschieht, wird das als ein Sieg der RGO ausgelegt'." (ebenda, Seite 68)

Parteivorstandsmitglied Crispien:

„In Verbindung mit dem Verkehrsstreik habe ich in Kreisen von Parteigenossen Dinge hören müssen, über die ich sprachlos gewesen bin." (ebenda, Seite 66)

Dietrich (Vertreter Thüringens im Parteivorstand):

„Wir können unseren Kollegen nicht zumuten, die Streikbrecher zu machen, das liefert unsere Partei der Vernichtung aus." (ebenda, Seite 42)

Am 7. November endete der Verkehrsarbeiterstreik mit einem Teilerfolg für die kämpfende Belegschaft. Für die Hitler-Partei war es trotz Goebbels' Manöver zu einer Niederlage gekommen: sie hatte zwei Millionen Stimmen gegenüber der Juliwahl verloren.

Brüning sah genau, daß nicht „Kommunisten und Nazis gegen die SPD", sondern Kommunisten und Sozialdemokraten zusammen mit Anhängern Hitlers in den Betrieben gemeinsam gegen eine reaktionäre Regierung kämpften. Diese „stets latente Möglichkeit einer Zusammenarbeit" fürchtete nicht nur Brüning, sondern auch die Industrie!

Die Wahl zum Reichstag am 6. November 1932 brachte eine schwere Niederlage für die Nazipartei und einen Ruck nach links. Hitler, der im Sommer bis auf 13 Millionen Stimmen gekommen war, hatte binnen knapp einem Vierteljahr 2 Millionen davon wieder verloren, da nun eine Rechtsregierung am Ruder war, mit der die NSDAP in Verbindung gebracht wurde. Zugleich war ein weiterer Teil der sozialdemokratischen Anhänger aufgrund der Erfahrungen dieses Krisenjahres zu der Partei gegangen, die eine antifaschistische Einheitsfront herbeiführen wollte, zur KPD. Das Stimmenergebnis (die Vergleichszahlen vom Juli in Klammern) zeigte:

NSDAP	11705256	(13732779)
SPD	7231404	(7951245)
KPD	5970833	(5278059)

Hatte im Juli Hitler mehr Stimmen gehabt als Sozialdemokraten und Kommunisten zusammen, so hatten im November diese Parteien mit über 13 Millionen Stimmen die NSDAP wieder überflügelt. Auch nach der Zahl der Mandate war das Verhältnis umgekehrt worden:

Im Juli standen 230 NSDAP-Abgeordnete 133 Sozialdemokraten und 89 Kommunisten im Reichstag gegenüber. Im November waren es noch 196 Nazi-Abgeordnete gegen 121 Sozialdemokraten und 100 Kommunisten.

Die Stimmenverluste der NSDAP bestärkten jedoch die sozialdemokratische Parteiführung noch darin, den Hauptschlag gegen links zu führen. Wenige Tage nach der Wahl, am 10. November 1932, erklärte der Parteivorsitzende Otto Wels auf der Tagung des Parteivorstandes:

> „Wir haben im Laufe des Jahres fünf Schlachten geschlagen, unter dem Ruf ‚Schlagt Hitler!' Und nach der fünften war er geschlagen." (SPD-PV, Seite 71)

Im Schlußwort dann das Gegenstück:

> „Wir haben festgestellt, daß wir in einem riesenhaften Kampf das Vertrauen des Einzelnen wiedererobern müssen. Und wir haben hierbei nur einen wirklichen großen Konkurrenten: das sind die Kommunisten." (ebenda, Seite 91)

Die Industrie will Hitler

Schwerindustrie und Großfinanz zogen aus den Stimmenverlusten der NSDAP den umgekehrten Schluß: Jetzt war es höchste Zeit, die Diktatur Hitlers zu errichten, bevor seine Anhängerschaft auseinanderliefe, die mühsam (und teuer) aufgebaute Massenbasis zerbröckele. Es gehört zu den Standardbehauptungen offizieller bundesdeutscher Geschichtsbeschreibung, die Herren des großen Geldes hätten Hitler nicht finanziert, das sei eine „kommunistische Darstellung". Brüning selbst hat diesen Reinwaschungs-Versuch widerlegt, siehe seine Aussage, daß die „gesamte Schwerindustrie" die Hitlerpartei aus höchst materiellen Gründen finanzierte, um den „gewaltsamen Umschwung" herbeizuführen.

Natürlich ist nicht jeder Bankdirektor oder Fabrikbesitzer ein Faschist oder gar ein Mörder. Aber Tatsache ist, daß die deutsche Bourgeoisie Millionen deutscher Soldaten in den Ersten und in den Zweiten Weltkrieg jagen und umkommen ließ, um Rohstoffgebiete und Fabrikanlagen in Frankreich, Belgien und in Osteuropa zu rauben. Und Tatsache ist, daß die Geschichte der Weimarer Republik mit einem Meuchelmord beginnt, den die Großfinanz nicht nur wollte, sondern den sie auch finanzierte. Der Zwischenträger, der das Blutgeld vermittelte, Eduard Stadtler, hat den Vorgang in seinem Buch geschildert, als die faschistische Diktatur errichtet war:

> „... Am gleichen Tag (10. Januar 1919) fand die nicht minder bedeutsame Sitzung des Führertums der Wirtschaft im Flugverbandshaus statt. Als ich punkt vier Uhr nachmittags im kleinen Saal erschien (Freund Siebel begleitete mich), waren etwa 50 Herren da; Hugo Stinnes selbst, Albert Vögler, Ernst Borsig, Siemens, Geheimrat Deutsch, Mankiewitz, Salomonsohn, Generaldirektor Otto Henrich usw., die ganze „haute volée" der Industrie-, Handels- und Bankwelt. Den Vorsitz übernahm als Einberufer Direktor Mankiewitz. Als einziger Punkt auf der Tagesordnung stand: Referent Dr. Eduard Stadtler über ‚Bolschewismus als Weltgefahr' ... Ich ließ nun eine Kampf- und Mahnrede auf die 50 Herren niedersausen, wie sie es in dieser Form wohl ihr ganzes Leben hindurch noch nicht vernommen hatten ... Da erhob sich in der Ecke rechts hinter mir ein kleiner Mann ... Es war Hugo Stinnes. In die geheimnisvolle Stille des Saales hinein sagte er mit einem Minimum von rednerischem Aufwand, aber mit einer sehr klaren und bestimmten Stimme: ‚Ich bin der Meinung, daß nach diesem Vortrag jede Diskussion überflüssig ist. Ich teile in jedem Punkt die Ansicht des Referenten. Wenn deutsche Industrie-, Handels- und Bankwelt nicht willens und in der Lage sind, gegen die hier aufgezeigte Gefahr eine Versicherungsprämie von 500 Millionen Mark aufzubringen, dann sind sie nicht wert, deutsche Wirtschaft genannt zu werden. Ich beantrage Schluß der Sitzung und bitte die Herren

Mankiewitz, Borsig, Siemens, Deutsch usw. (er nannte etwa acht Namen) sich mit mir in ein Nebenzimmer zu begeben, damit wir uns sofort über den Modus der Umlage klar werden können.'... Die ,historische' Summe ward auch am gleichen Tage bewilligt, das Umlageverfahren festgelegt. Die Gelder wurden auf dem Wege einer freiwilligen Selbstbesteuerung durch die Industrie-, Handels- und Bankorganisationen auf die gesamten deutschen Unternehmungen umgelegt." (E. Stadtler, „Als Antibolschewist", Neuer Zeit-Verlag, Düsseldorf, 1935, S. 46 ff.) „Nachdem Pabst auch von unserer Intervention bei Noske in Dahlem gehört hatte, war es nicht schwer, am 12. Januar eine ,politische Audienz' bei Major Pabst im Hotel Eden zu erwirken... Ich setzte ihm auseinander, daß die militärische Einmarschaktion etwas Halbes sei... auf Männer und Taten käme es an; wenn auf unserer Seite vorerst keine Führer zu sehen seien, dann dürfte wenigstens die Gegenseite auch keine haben...

Er stand auf, drückte mir soldatisch die Hand und sagte nur: ,Ich danke Ihnen sehr, auf mich können Sie sich verlassen' Ein Mann, ein Wort. Wenige Tage darauf, am 15. Januar, hatten die Mannen Major Pabsts, die Brüder Pflugk-Hartung und der Husar Runge, die beiden führenden Kommunisten Rosa Luxemburg und Karl Liebknecht als politische Gefahrenzentren beseitigt." (ebenda, S. 51 f.)

Das war der Beginn der Weimarer Republik: eine halbe Milliarde als Versicherungsprämie für die Mörder; ein „soldatischer" Händedruck, bevor die „Mannen" ihre Opfer hinterhältig umbringen. Major Pabst erhielt eine Staatspension, die ihm auch die Bundesregierung nach 1949 bis zu seinem Tode zahlte; der Kriegsgerichtsrat, der die Mörder entwischen ließ, Dr. Jörns, wurde Reichsanwalt der Republik und Oberreichsanwalt unter Hitler, dem Doppelmord vom 15. Januar 1919 folgte die Erschießung von Zehntausenden Angehörigen der Linken durch Freicorps, Reichswehr und Polizei – bis dann SA und SS die Fortführung übernahmen. Immer im Sinne derer, die die „Versicherungsprämie" gezahlt hatten, die sie nun mit Zins und Zinseszins wieder kassieren konnten.

Wenn das Blutvergießen überflüssig (oder zu gefährlich) erschien, dann konnte man sich auch parlamentarisch-demokratisch geben. So der Großindustrielle Robert Bosch am 24. Oktober 1918, am Vorabend der Revolution, an den Staatssekretär Conrad Haussmann:

„Nur das Öffnen großer weiter Sicherheitsventile kann uns vor einer Katastrophe bewahren ... je weiter wir nach links gehen, desto eher werden wir Eindruck machen und eine Katastrophe ablenken können... wenn das Haus brennt, löscht man auch schließlich mit Jauche, auf die Gefahr hin, daß es nachher in dem Hause eine Weile nachstinkt." (Hauptstaatsarchiv Stuttgart, Nachlaß Bosch).

So war es zunächst eine Minderheit, die den Mord wollte; obwohl die „Versicherungsprämie" auf alle Fälle auf die „gesamten deutschen Unternehmungen umgelegt" wurde. Nicht nur Arbeiter wurden gemeuchelt, der sozialdemokratische bayrische Ministerpräsident Kurt Eisner, der liberale Reichsaußenminister Walter Rathenau, der katholische Reichsfinanzminister Matthias Erzberger fielen den Kugeln der Faschisten zum Opfer, noch bevor diese den offiziellen Segen des Reichsverbandes der Industrie erhalten hatten.

Schon knapp ein Jahr nach dem Sturz der Monarchie, am 23. Januar 1920, hatte der Großindustrielle Hugo Stinnes an den damaligen Minister Otto Geßler, nachmaligen Reichswehrminister der Weimarer Republik, geschrieben:

> „Es ist das Zeichen einer wahren Demokratie, daß sie in Zeiten der Todesgefahr ihren Diktator findet... Es muß gehandelt, nicht verhandelt werden." (Dokumente zur Deutschen Geschichte 1919–1923, Seite 31)

Zwei Monate später, im März, versuchten Rechtsextremisten unter ihrem Führer Kapp, zusammen mit Teilen der Reichswehr einen Putsch, der aber durch den Generalstreik niedergeschlagen wurde. Am 8. Januar hatte bereits die Mitteldeutsche Kreditbank dem Wolfgang Kapp mitgeteilt, wer seine geplante Diktatur unterstützen würde. Nämlich:

Berliner Handelsgesellschaft, Dresdner Bank, Commerz- und Diskonto-Bank, Deutsche Bank, Nationalbank, die Mitteldeutsche Kreditbank selbst, und die Bank für Handel und Industrie. (ebenda, Seite 28/29)

Auf der außerordentlichen Mitgliederversammlung des Reichsverbands der Industrie am 12. Dezember 1929 erklärte der Vorsitzende des Verbandes sächsischer Industrieller, Direktor Wittke:

> „Man muß versuchen, durch Verordnung den Zustand zu schaffen, den die fehlende Gesetzgebung uns nicht schaffen kann. Ich stehe durchaus nicht isoliert da, wenn ich sage: Ein Ermächtigungsgesetz kann vielleicht noch die einzige Hilfe sein, die aus diesem Elend herausführt." (Veröffentlichungen des Reichsverbands der Deutschen Industrie Berlin, Nr. 50, 1930, Seite 37; zitiert in Geschichte d. deutschen Arbeiterbewegung, IV/527)

Direktor Eugen Schnaas, Berlin, erklärte:

> „Wenn also von höchster Stelle, dem Gewerkschaftsleben nicht fernstehend, Worte vom wirtschaftlichen Wirken der Gewerkschaften gefallen sind, so muß man wohl sagen, daß das Haupt nicht weiß, was die Glieder treiben. Ich bin überzeugt, wenn jene Persönlichkeit häufiger an den Verhandlungen der Funktionäre teilnehmen würde, dann würde sie wahrscheinlich sich jener Worte des verstorbenen Herrn Reichspräsidenten Ebert anschließen ––– der gesagt haben soll: In

Deutschland wird nicht eher Wirtschaftsfrieden sein, als bis 100000 Parteifunktionäre außer Landes gewiesen sind.“ (Bravo! Zuruf: „Mussolini“) (ebenda)

Was hier geredet wurde, das war blutig ernst gemeint. Die erste offene Kraftprobe gegen die parlamentarische Republik hatten die Schlotbarone an der Ruhr bereits gewonnen. Sie hatten im November 1928 die Aussperrung gegen 215000 Stahlarbeiter verhängt, um den 7-Stundentag abzuschaffen und die Kraft der Gewerkschaften zu brechen. Es erfolgte ein staatlicher Schiedsspruch, der nach den damaligen Bestimmungen Gesetzeskraft hatte. Aber die Unternehmer trotzten auch dem Staat und seinen Gesetzen. Ihr Organ erklärte: „Ob der Schiedsspruch für verbindlich erklärt wird oder nicht – ausgesperrt wird doch“ (Bergwerkszeitung, Essen, 30. Oktober 1928). Der Gesamtverband der Industrie verhängte Einstellungssperre für alle Betroffenen im ganzen Reichsgebiet, der Märkische Arbeitgeber-Verband, Sitz Hagen, verfügte die Kündigung sämtlicher Arbeitnehmer, die Ruhrzechen verhängen Feierschichten, 400000 allein im Monat November.

Am 3. Dezember 1928 kapituliert die Reichsregierung, sie ist bereit, einen anderen Schiedsspruch zu fällen. Im Vertrauen auf die Regierung gibt auch der Metallarbeiter-Verband nach. Jahrzehnte später urteilte Otto Brenner, Vorsitzender der IG Metall, über die damalige Politik: „Sie ermöglichte damit den Arbeitgebern in ihrem Kampf gegen die politische und soziale Ordnung der Weimarer Republik einen Erfolg, der sich in den Jahren bis zur Machtergreifung Hitlers noch verhängnisvoll auswirken sollte.“ (zitiert nach „druck & papier,“ Stuttgart, Nr. 25/26/1978)

Die Weltwirtschaftskrise erhöhte das Interesse der Konzerne an der „Führer-Partei“, und der Erfolg gegen den Staat machte sie dreister. So die Werkszeitung von Hoesch:

> „Auf den Parteienstaat, der dem Untergang geweiht ist, muß der wahre, der organische Staat folgen, an dessen Schaffung mitzuarbeiten die Pflicht jedes deutschen Menschen ist.“ (Hütte und Schacht, Märzausgabe 1930)

> „Es erhebt sich nun die Frage, wer denn eigentlich den Willen der gesamten Gesellschaft, der allein den echten Staat verkörpern kann, darstellt? ... Damit wird die Frage des Führertums gestreift. Das Wesen des Führers ist es, daß er sich in größerem Maße der Gesellschaft verpflichtet fühlt, als die Masse der Gesellschaftsmitglieder.“ (August-Ausgabe 1930)

> „Wer die Hoffnung hegt, daß die vor uns liegenden Wahlen zu einer Schicksalswende für uns werden, der darf seine Stimme nur einer Partei geben, die ... gewillt ist, rücksichtslosen Abbau alles nicht unbedingt zum Leben Notwendigen durchzuführen.“ (September-Ausgabe)

Die „Bergwerkszeitung" gab gar einen Sonderdruck heraus, der sämtlichen Werkzeitungen der Schwerindustrie beigelegt wurde; darin hieß es:

> „Wen widert das unaufrichtige parlamentarische Gaukelspiel nicht an? . . . Die Parteibonzen kommen und gehen; ihre Farben und Abzeichen wechseln, aber das System bleibt."

Dies war nun offen die Sprache der Faschisten und Wahlpropaganda für ihre Partei. Wohlgemerkt: im Jahre 1930! Und als der braune Diktator drei Jahre später die Arbeiterorganisationen zerschlagen hatte, da packte die „Werkszeitung Hoesch-Köln-Neuessen" denn auch triumphierend aus:

> „Die Aufgaben . . . die uns heute gestellt sind . . . legitimieren erst all das, was wir in zehn Jahren unseres Bestehens getan haben. Es ist Vorarbeit, Vorkämpferschaft gewesen." (Ausgabe vom 15. 11. 34)

Und nicht nur Vor-Arbeit, sondern auch Vor-Finanzierung.

Am 4. Februar 1930 legte der „Verein für die bergbaulichen Interessen" in Essen fest, daß die Kohlenzechen pro geförderter Tonne Kohle eine Umlage von je sieben Pfennigen zu entrichten haben, die für „die verschiedensten nationalen Interessen" bestimmt seien – vorwiegend zur finanziellen Unterstützung der NSDAP. (Chronik der Deutschen Arbeiterbewegung, Berlin 1966, Band 2, Seite 250)

Die von Großindustriellen und Großgrundbesitzern gesteuerte Deutsch-Nationale Volkspartei teilt in einem Rundschreiben vom August 1930 mit, die Arbeitsteilung der rechtsstehenden Organisationen sei derart, daß

> „die Deutsch-Nationale Volkspartei in möglichst weitgehendem Maße alle entschieden national, aber zugleich auch privatwirtschaftlich eingestellten Bevölkerungskreise zusammenfaßt, und wenn der Nationalsozialismus die Aufgabe übernimmt und durchführt, Sozialisten internationaler Denkungsart zu Sozialisten nationaler Denkungsart zu machen." (Dokumente zur Deutschen Geschichte, 1929–1933, Seite 23)

Der Großindustrielle Fritz Thyssen trat in der Hauptausschußsitzung des Reichsverbands der Deutschen Industrie am 27. November 1930 mit einer Erklärung auf, in der er den Wahlsieg der Nazis begrüßte und sich für das Hugenberg-Hitler-Bündnis erklärte, das in der sogenannten Harzburger Front seine politische Formierung fand.

Am 27. Juli 1931 forderte die „Wirtschaftspolitische Vereinigung Frankfurt am Main" den Reichspräsidenten Hindenburg auf, Hitler die Regierung zu übertragen. In dem Schreiben der Großindustriellen heißt es:

> „Seit 13 Jahren herrscht in Deutschland ein System, daß sowohl im Reich als auch in Preußen ausschlaggebend von der Sozialdemokratie

beeinflußt ist. Seit 13 Jahren wird das deutsche Volk einen Leidensweg geführt, dessen jede Station die vorhergehende an Not überbietet. Seit 13 Jahren sind nationale Deutsche im eigenen Land einem Terror der heimatlosen Internationale ausgesetzt... Unvereinbar mit der Verfassung wird die heute weitaus stärkste Partei, die NSDAP, von jedem Einfluß ausgeschaltet, ebenso wie die hinter ihr stehende Deutsch-Nationale Volkspartei und die Frontkämpfer des ‚Stahlhelm'... Eure Exellenz! Die nationale Opposition ist Deutschlands letzte Reserve... Und wir deutschen Wirtschaftsführer, die wir politisch sehend geworden sind, stehen hinter ihr... Eure Exellenz! Vollenden Sie die geschichtliche Sendung Ihres Lebens! Befreien Sie das deutsche Volk aus den Händen seiner Vernichter und gewinnen Sie dem deutschen Volke ein zweites Tannenberg!"

Dieses Schreiben war unterzeichnet u. a. von Walter Dyckerhoff (Zement), Emil Gutbrod (Chemie), Dr. Geisow (IG Farben), Dr. Traupel (Krupp). (Dokumente zur Deutschen Geschichte, 1929–1933, Seite 40/41)

Zur selben Zeit gingen andere Konzernherren dazu über, die NSDAP auf dem Weg über das Abonnement ihres „Wirtschaftspolitischen Pressedienstes" zu finanzieren. Zu den gutzahlenden Abonnenten gehörten Duisberg (Chemie), Klöckner und Vögler (Stahl), Poensgen (Chemie), Reinhart (Commerzbank), Rosterg (Kali-Kartell) und andere.

Am 23. Oktober 1931 schrieb der Schwerindustrielle Ernst Brandi an den Direktor der Darmstädter- und Nationalbank:

„Es wird nicht eher besser, als bis endlich ein Kerl kommt, der mit rücksichtsloser Energie das als richtig Erkannte durchführt." (Dokumente 1929–1933, Seite 43)

Wenige Tage später referierte Carl Friedrich von Siemens am 27. Oktober 1931 in New York bei einem Gala-Essen des amerikanischen Konzerns „General Electric":

„Die Wurzel der Hitler'schen Bewegung ist der Kampf gegen den Sozialismus, d. h. gegen den Marxismus... Sie, in den Vereinigten Staaten –––, werden besser als irgend ein anderer verstehen, daß ein gesundes und kräftiges Deutschland notwendigerweise ein geeintes nationales Deutschland sein muß... Der Hitlerismus... ist gegen die ungezügelte Vorherrschaft des Parlamentarismus gerichtet, wie sie leider in unserer Verfassung vorgesehen ist. Das deutsche Volk ––– ist für diese Form der Demokratie nicht reif." (Dokumente 1929–1933, Seite 44/45)

Den Text seiner Rede schickte von Siemens dem Büro des Reichspräsidenten zu, mit einem Begleitschreiben, in dem es hieß:

„Die Herren haben mir zugesichert, daß keine Veröffentlichung stattfinden würde und mir nahegelegt, aus diesem Grunde meine Ansich-

> ten rückhaltlos auszusprechen. Ich darf Sie daher bitten, diese Ausführungen vertraulich zu behandeln.“ (ebenda)

Am 11/12. Oktober 1931 war es soweit – man machte aus der Kumpanei mit den braunen Terroristen kein Geheimnis mehr. In Bad Harzburg paradierten SA, SS und „Stahlhelm“ öffentlich vor den „Spitzen der deutschen Wirtschaft“. Sie waren demonstrativ erschienen: Schacht, Wittacker und Thyssen, Poensgen von den Vereinigten Stahlwerken, Schlenker vom Langnam-Verein, Ravene vom Eisengroßhandelsverband, Generaldirektor Krieger von Wintershall, Generaldirektor Gottstein, Hüttendirektor Quebier, die Direktoren von Blohm & Voss, die Bankiers Stauss, Regendanz, Sogemeyer und Lubarsch. Der Pressezar der Weimarer Republik und ehemalige Krupp-Direktor Alfred Hugenberg hatte mit und für Hitler diese „Harzburger Front“ zusammengebracht, die sich anschickte, der Republik den Todesstoß zu versetzen.

„Einig in ihren Parteien, Bünden und Gruppen“ verlangten sie Aufrüstung, Wehrpflicht und natürlich eine „nationale“ d. h. in ihrem Sprachgebrauch eine faschistische Regierung. (s. auch Seite 30/31)

Am 27. Januar 1932 wurde Hitler eingeladen, vor 700 Wirtschaftsführern im Industrieclub in Düsseldorf zu sprechen. Er machte aus seinem Herzen keine Mördergrube:

> „Wenn wir nicht wären, gäbe es schon heute in Deutschland kein Bürgertum mehr, die Frage Bolschewismus oder nicht Bolschewismus wäre schon lange entschieden... Sie sehen hier eine Organisation vor sich, erfüllt vom eminentestem nationalen Gefühl, aufgebaut auf dem Gedanken einer absoluten Autorität der Führung auf allen Gebieten, in allen Instanzen – die einzige Partei, die in sich nicht nur den internationalen sondern auch den demokratischen Gedanken restlos überwunden hat, die in ihrer ganzen Organisation nur Verantwortlichkeit, Befehl und Gehorsamkeit kennt, und die damit zum ersten Mal in das politische Leben Deutschlands eine Millionen-Erscheinung eingliedert...
>
> Und wenn man uns unsere Unduldsamkeit vorwirft, so bekennen wir uns stolz zu ihr – ja, wir haben den unerbittlichen Entschluß gefaßt, den Marxismus bis zur letzten Wurzel in Deutschland auszurotten.“ (Dokumente 1929–1933, Seite 56/57)

Wenige Wochen später, am 18. Mai 1932, wird im Hotel Kaiserhof in Berlin der sogenannte Keppler-Kreis gegründet, benannt nach einem wirtschaftspolitischen Mitarbeiter der Naziführung. In diesem, später zum „Freundeskreis Himmler“ umbenannten Gremium sind Bankiers und Großindustrielle versammelt, die den Faschismus politisch und finanziell unterstützen. Die ersten zwölf Mitglieder waren:

1. Dr. Hjalmar Schacht (Reichsbankpräsident a. D.)
2. Freiherr von Schroeder (Bankier)

3. Dr. Vögler (Generaldirektor der Vereinigten Stahlwerke)
4. August Rosterg (Generaldirektor Kali-Syndikat)
5. Gottfried Graf von Bismarck (Aufsichtsrat der HAPAG)
6. Otto Steinbrink (Flick-Konzern, Direktor der Maximilianshütte und der Mitteldeutschen Stahlwerke)
7. Dr. Heinrich Schmidt (Aufsichtsrat der Dresdner Bank)
8. Ewald Otto E. Hecker (Aufsichtsratsvorsitzender Ilseder-Hütte, Präsident der Industrie- und Handelskammer Hannover)
9. Kommerzienrat Bingel (Generaldirektor Siemens und Halske)
10. Emil Helfferich (Aufsichtsratsvorsitzender der HAPAG und der Deutsch-Amerikanischen Petrolgesellschaft)
11. Emil Meyer (Vorstandsmitglied Dresdner Bank)
12. Friedrich Reinhart (Vorstandsmitglied der Commerzbank)

Nach Hitlers Regierungsantritt wurden nur 24 weitere Mitglieder zugelassen, darunter:

Friedrich Flick

Heinrich Bütefisch von den IG Farben, später durch die Verbrechen in Auschwitz berüchtigt,

Ritter von Halt, Deutsche Bank (und Vorsitzender des Olympischen Komitees) und

Kurt Blessing, später Präsident der Deutschen Bundesbank der BRD.

Der frühere Reichsbankpräsident Dr. Hjalmar Schacht rührte besonders eifrig die Trommel in diesen Kreisen und gab Hitler Ratschläge. In einem Brief vom 29. August 1932 schrieb er ihm:

> „Wenn Sie bleiben, der Sie sind, so kann Ihnen der Erfolg nicht fehlen... Aber vielleicht darf ich als Wirtschaftler eines sagen: Bringen Sie möglichst kein detailliertes Wirtschaftsprogramm. Es gibt kein solches, worüber sich 14 Millionen einigen könnten[...] Wo immer mich die Arbeit in der nächsten Zeit hinführt[...] Sie können auf mich zählen als Ihren zuverlässigen Helfer." (Dokumente 1929–1933, Seite 73)

In einem Bericht, der in den Akten des Reichswirtschaftsministeriums erhalten geblieben ist, teilt der Großindustrielle Otto Wolff mit, daß er 1931 der NSDAP 16900 Reichsmark an Spenden überwiesen hat und 1932 nicht weniger als 160800 Reichsmark. Weitere 15000 Mark aus seinem Konzern gingen an die Deutsch-Nationale Volkspartei Hugenbergs und 50000 Mark an den Vertrauensmann des Reichswehrgenerals Schleicher. (Dokumente 1929–1933, Seite 89)

Am 19. November 1932, wenige Tage nach dem BVG-Streik und dem Mißerfolg Hitlers bei der Reichstagswahl, übergab dann eine maßgebliche Gruppe von Großindustrie und Hochfinanz dem Reichspräsidenten folgenden Brief:

„Ew. Exzellenz,

Hochzuverehrender Herr Reichspräsident!

Gleich Eurer Exzellenz durchdrungen von heißer Liebe zum deutschen Volk und Vaterland, haben die Unterzeichneten die grundsätzliche Wandlung, die Eure Exzellenz in der Führung der Staatsgeschäfte angebahnt haben, mit Hoffnung begrüßt. Mit Eurer Exzellenz bejahen wir die Notwendigkeit einer vom parlamentarischen Parteiwesen unabhängigen Regierung, wie sie in dem von Eurer Exzellenz formulierten Gedanken eines Präsidialkabinetts zum Ausdruck kommt.

Der Ausgang der Reichstagswahl vom 6. November d. J. hat gezeigt, daß das derzeitige Kabinett, dessen aufrechten Willen niemand im deutschen Volk bezweifelt, für den von ihm eingeschlagenen Weg keine ausreichende Stütze im deutschen Volk gefunden hat, daß aber das von Eurer Exzellenz gezeigte Ziel eine volle Mehrheit im deutschen Volke besitzt, wenn man – wie es geschehen muß – von der staatsverneinenden kommunistischen Partei absieht. Gegen das bisherige parlamentarische Parteiregime sind nicht nur die Deutsch-Nationale Volkspartei und die ihr nahestehenden kleinen Gruppen, sondern auch die Nationalsozialistische Deutsche Arbeiterpartei grundsätzlich eingestellt und haben damit das Ziel Eurer Exzellenz bejaht. Wir halten dieses Ergebnis für außerordentlich erfreulich und können uns nicht vorstellen, daß die Verwirklichung des Zieles nunmehr an der Beibehaltung einer unwirksamen Methode scheitern sollte. Es ist klar, daß eine des öfteren wiederholte Reichstagsauflösung mit sich häufenden, den Parteikampf immer weiter zuspitzenden Neuwahlen nicht nur einer politischen, sondern auch jeder wirtschaftlichen Beruhigung und Festigung entgegenwirken muß. Es ist aber auch klar, daß jede Verfassungsänderung, die nicht von breitester Volksströmung getragen ist, noch schlimmere wirtschaftliche, politische und seelische Wirkungen auslösen wird.

Wir erachten es deshalb für unsere Gewissenspflicht, Eure Exzellenz ehrerbietig zu bitten, daß zur Erreichung des von uns allen unterstützten Zieles Eure Exzellenz die Umgestaltung des Reichskabinetts in einer Weise verfolgen möge, die die größtmögliche Volkskraft hinter das Kabinett bringt.

Wir bekennen uns frei von jeder engen parteipolitischen Einstellung. Wir erkennen in der nationalen Bewegung, die durch unser Volk geht, den verheißungsvollen Beginn einer Zeit, die durch Überwindung des

Klassengegensatzes die unerläßliche Grundlage für einen Wiederaufstieg der deutschen Wirtschaft erst schafft. Wir wissen, daß dieser Aufstieg noch viele Opfer fordert. Wir glauben, daß diese Opfer nur dann gebracht werden können, wenn die größte Gruppe dieser nationalen Bewegung führend an der Regierung beteiligt wird.

Die Übertragung der verantwortlichen Leitung eines mit den besten sachlichen und persönlichen Kräften ausgestatteten Präsidialkabinetts an den Führer der größten nationalen Gruppe wird die Schlacken und Fehler, die jeder Massenbewegung notgedrungen anhaften, ausmerzen und Millionen Menschen, die heute abseits stehen, zu bejahender Kraft mitreißen.

Im vollen Vertrauen zu Eurer Exzellenz Weisheit und Eurer Exzellenz Gefühl der Volksverbundenheit begrüßen wir Eure Exzellenz

mit größter Ehrerbierung (Unterschriften)" (Beweisdokument des „Internationalen Militärtribunals Nürnberg", Band XXXIII, Seite 531 ff., zitiert nach der Veröffentlichung des Deutschen Gewerkschaftsbundes, im Anhang zu „Für die Demokratie – Informationen, Kommentare – Presseschau", Jahrgang IV, 1963, Anhang „Hitler und die Industrie", Seite 11 ff.)

Dieses Schreiben war unterzeichnet von Dr. Hjalmar Schacht (ehemaliger Reichsbankpräsident), Kurt Freiherr von Schröder (Bankier), Fritz Thyssen (Aufsichtsratsvorsitzender der Vereinigten Stahlwerke), Friedrich Reinhardt (Direktor der Commerzbank), Kurt Woermann (Reeder), Fritz Beindorff (Reeder), Emil Helffrich (Aufsichtsratsvorsitzender der Hapag Hamburg), Ewald Hecker (Aufsichtsratsvorsitzender der Ilseder Hütte und Präsident der Industrie- und Handelskammer Hannover), C. V. Krogmann (Reeder), Erich Lübbert (Generaldirektor der AG für Verkehrswesen), Erwin Merck (Bankier), August Rosterg (Kali-Syndikat) und anderen.

Zwei Tage später, am 21. November 1932, übermittelte Bankdirektor Reinhardt dem Staatssekretär Hindenburgs, Otto Meißner, ein Schreiben, in dem es hieß:

„Ich habe ferner den Auftrag, Ihnen, Herr Staatssekretär, namens der Herren

Dr. Albert Vögler, Dortmund,

Commerzienrat Dr. Paul Reusch, Oberhausen,

Dr. Fritz Springorum, Dortmund,

zur Weitergabe an den Herrn Reichspräsidenten mitzuteilen, daß diese Herren grundsätzlich voll und ganz auf dem Boden der Eingabe stehen, aber nicht zu unterzeichnen wünschen, da sie politisch nicht hervortreten wollen." (Deutsches Zentralarchiv Potsdam, BdR Nr. 47, Bl. 291, zitiert nach Eberhard Czichon „Wer verhalf Hitler zur Macht", Köln 1971, Seite 71)

Diese und viele andere Tatsachen veranlaßten den Hauptankläger der USA im Nürnberger Kriegsverbrecherprozeß am 27. August 1947 zu der Feststellung:

> ,,Ohne die Zusammenarbeit der deutschen Industrie und der Nazipartei hätten Hitler und seine Parteigenossen niemals die Macht in Deutschland ergreifen und festigen können, und das Dritte Reich hätte nie gewagt, die Welt in einen Krieg zu stürzen." (Hauptarchiv Berlin-Dahlem, Rep. 335, Fall 6 vor dem VI. US-Militärgerichtshof in Nürnberg, zitiert nach Czichon, Seite 14)

Nie hat eine Regierung mit solcher Eile die Wünsche ihrer Auftraggeber erfüllt, wie die Regierung Hitler die Wünsche der deutschen Konzerne:

Wenige Wochen nach dem 30. Januar 1933 waren die Arbeiterorganisationen zerschlagen. Wenige Tage nachdem die Wehrmacht Deutschlands Grenzen überschritten hatte, konnten die Konzernherrn beginnen, den Raub einzukassieren.

21. März 1938 – gerade war Österreich annektiert worden – „. . . Übereinstimmung darüber, daß es das Ziel der IG (Farben Höchst) sein müsse, die bisher in Aussicht genommene Fusion von SWW (Skoda-Werke Wetzler) mit den österreichischen DAG-Firmen in der Weise durchzuführen, daß die IG dabei eine Majorität von 75 % . . . erhält;"

7. September 1939 – die Beute war noch gar nicht erobert! – „Bitten schon jetzt RWiM (Reichswirtschaftsministerium) von nachstehenden Zusammenhängen zu unterrichten: Im Laufe der nächsten Tage werden aller Voraussicht nach vier polnische Farbstoff-Fabriken in deutsche Hände fallen . . . Nur die IG ist in der Lage . . . Herr Direktor Schwab, der Leiter unseres hiesigen osteuropäischen Farbstoffgeschäfts für diese Aufgabe bereitgestellt . . ."

4. Juli 1940 – Rundschreiben der „Reichsgruppe Industrie" über die „Neuordnung Europas" – „. . . notwendig ist aber eine scharfe Herausstellung der Interessenwünsche der Industrie. Es ist nicht erforderlich, daß . . . irgendwelche Rücksicht genommen wird auf . . . eintretende Grenzveränderungen . . . Wir bitten, mit den Arbeiten für die Länder Ungarn, Schweiz, Finnland und England fortzufahren, damit die Arbeiten zu einem späteren Termin ohne längere Anlaufzeit vorgelegt werden können."

14. September 1940 – Otavi Minen- und Eisenbahngesellschaft an Reichswirtschaftsministerium – „. . . Gestaltung des europäischen Wirtschaftsraums sowie der kolonialen Neugestaltung . . . Es ist der dringende Wunsch unserer Gesellschaft, an diesen Arbeiten in weitem Ausmaß beteiligt zu werden."

2. Oktober 1940 – Carl Zeiß Jena – „... Erwünscht wäre die Enteignung dieser französischen Beteiligung“ (an optischen Betrieben in Brüssel und Genf)

18. August 1941 – Carl Zeiß, wenige Wochen nach dem Überfall auf die UdSSR – „Es ist davon auszugehen, daß die aus russischem Staatsbesitz stammenden Werke Kriegsbeute und damit Eigentum des Deutschen Reiches werden ... Überlassung des Werkes an die beauftragte deutsche Fachfirma.“

16. August 1940 – Aktenvermerk im Reichswirtschaftsministerium „... Notwendig ist der Erwerb der französischen und englischen Kapitalbeteiligungen in Rumänien (Mineralölunternehmen), Jugoslawien (Bergbaubetriebe) in Ungarn sowie in den besetzten Gebieten, ferner aber auch in Spanien und in der Türkei.“

Sie schlugen sich untereinander um den Raub, der ihnen zufallen sollte:

Chemikalienausschuß der IG Farben, 28. Mai 1940 (gerade war der Überfall auf Norwegen und Dänemark erfolgt) – „Neben uns interessiert sich auch Krupp/Essen für die norwegischen und finnischen Nickelerz-Vorkommen ... halten wir uns für berechtigt, in erster Linie Ansprüche auf die skandinavische Nickelerze erheben zu können ...“

Was von dieser Maffia der Millionäre zu halten ist, die sich so „national“ gaben, und heute so „demokratisch“ erscheinen wollen, erhellt folgender Auszug aus dem Protokoll der Sitzung des Großen Beirats der Reichsgruppe Industrie vom 3. Oktober 1940: Gustav Schlotterer, Abteilungsleiter im Reichswirtschaftsministerium, referierte:

> „Wir sind nicht in der Lage, nun jeden Herzenswunsch, den der eine oder andere Unternehmer bezüglich Kapitalbeteiligung hat, zu erfüllen. Der eine möchte eine Brauerei kaufen, der andere eine Textilfabrik, der dritte eine Villa, der vierte an einem Bergbauunternehmen sich beteiligen, und oft soll noch der Militärbefehlshaber in Anspruch genommen werden. Das können wir nicht, und das haben wir auch gar nicht nötig. Es ist eine Selbstverständlichkeit, daß die deutschen Behörden hinter Ihnen stehen ... Aber ich möchte noch einmal betonen: wir wünschen, daß die deutschen Firmen von sich aus mit den richtigen Druckmitteln und mit den richtigen Möglichkeiten an die Dinge herangehen.“

Zur „Kriegsbeute“ gehörten für diese „Wirtschaftsführer“ auch die Menschen in den überfallenen Ländern. Vertrauliche Denkschrift der Reichsgruppe Industrie vom 1. August 1940:

> „... die Vielzahl der einfachen, untergeordneten und primitiv erscheinenden Arbeiten ... sollen ... ausschließlich von Angehörigen sogenannter Hilfsvölker (vorwiegend Slawen usw.) ausgeführt werden ...

> Dauer der künftigen Arbeitszeit ... der Achtstundentag ist heute bei uns keine weltanschauliche Frage mehr."

Konkret sah das so aus:

„Bedauerlich ist, daß die Gestapo bei der Behandlung von Fragen der Arbeitsbummelei nicht so prompt arbeitet, wie dies von uns gewünscht wird." (Wochenbericht des Oberingenieurs Max Faust vom Werk Auschwitz der IG Farbenindustrie über die Zeit 18. bis 31. Oktober 1943. Alle vorstehenden Zitate aus Reinhard Kühnl „Der deutsche Faschismus in Quellen und Dokumenten, Pahl-Rugenstein, Köln, 1975.)

Verfassungsbruch als „Machtergreifung"

Hatten bis zum Herbst 1932 noch wesentliche Teile der Industrie- und Bankwelt und des Großgrundbesitzes gehofft, mit Notverordnungen unter Brüning und dann unter Papen regieren zu können, so zeigte sich mit der Verschärfung der Krise, daß dies nicht genügte; das Militär sollte nun der Retter werden. General v. Schleicher wurde am 2. Dezember 1932 von Hindenburg zum Kanzler ernannt. Gereke, der Reichskommissar für Arbeitsbeschaffung in dieser Regierung war, schreibt dazu:

> „Der Widerstand gegen die Abberufung Papens innerhalb der Großindustrie war so stark, daß Schleicher sich genötigt sah, bedeutende Zugeständnisse vor allem an die pronazistisch eingestellte Schwerindustrie zu machen. Daher mußte er die Mehrheit der Minister des Papen-Kabinetts übernehmen." (Gereke, Seite 212)

Schleicher, der Kanzler und Reichswehrminister in einer Person war, regierte nicht einmal zwei Monate lang. Er machte den Versuch, mit dem wegen Zerwürfnis aus der NSDAP ausgeschiedenen Gregor Strasser (der ebenso wie Brüning ein Vertrauensmann der chemischen und Elektroindustrie war) und nach Möglichkeit mit einigen Führern der Gewerkschaften gemeinsam eine neue Regierung zu bilden.

Gereke berichtet, der Bundesvorsitzende der Gewerkschaften, Theodor Leipart, habe sich bereit erklärt, in ein Kabinett einzutreten, dessen Kanzler der General Schleicher und dessen Vizekanzler der Exnazi Strasser sein sollte. Dieser Plan sei aber am Widerstand in der SPD und in der Gewerkschaftsbewegung gescheitert. Und:

„Warmbold (Wirtschaftsminister und Vorstandsmitglied der IG Farben) äußerte, er werde sofort aus dem Kabinett austreten, wenn Schleicher einen Gewerkschaftsfunktionär in die Regierung aufnehmen sollte." (a.a.O., Seite 217)

Und noch eine Erfahrung mußte selbst der raffinierte Intrigant Schleicher machen: Die Industriegruppen, auf die er, ebenso wie vorher Brüning, glaubte, sich noch stützen zu können, waren inzwischen auf die Seite der Schwerindustrie übergegangen und protegierten damit Hitlers „Machtergreifung":

„Überrascht war ich ebenso wie Schleicher, als sich die Anzeichen dafür häuften, daß nun auch führende Männer der Elektro- und Chemieindustrie unsere Konzeption ablehnten." (a.a.O., Seite 215)

Gereke nennt namentlich Carl Friedrich von Siemens, Bosch und Duisberg.

Zu den bisherigen Förderern Hitlers aus Schwerindustrie und Hochfinanz stießen inzwischen ganze Organisationen der Unternehmerschaft, so der Arbeitgeberverband Gruppe Nordwest (Ruhr) mit seinem Generalsekretär Ludwig Grauert an der Spitze, und der höchst einflußreiche „Verein zur Wahrung der gemeinsamen wirtschaftlichen Interessen in Rheinland und Westfalen" (der sogenannte Langnam-Verein), dessen Exekutivsekretär Schlenker sich mit Thyssen, Vögler und Kirdorf von den Vereinigten Stahlwerken, dem bei weitem größten deutschen Stahlkonzern, und mit Direktor Reinhardt von der Commerzbank sowie den Bankiers Kurt Freiherr von Schröder und Hjalmar Schacht daranmachte, das gesamte Großkapital für Hitler zu mobilisieren.

Schröder organisierte in seinem Haus am 4. Januar 1933 eine Zusammenkunft zwischen Hitler und von Papen, der weiterhin Vertrauensmann der Großindustrie und des Großgrundbesitzes sowie des Reichspräsidenten Hindenburg war. Vor der Untersuchungsbehörde des Internationalen Militärgerichtshofes in Nürnberg gab Freiherr von Schröder am 21. Juli 1947 unter Eid folgendes zu Protokoll:

„Als die Lage in Deutschland sich unter Schleicher als Kanzler in den letzten Monaten des Jahres 1932 weiter verschlechterte, sahen Hitler und Papen ein, daß es vielleicht am günstigsten wäre, wenn sie zu einer Zusammenarbeit kommen könnten... Am 4. Januar 1933 trafen Hitler, von Papen, Heß, Himmler und Keppler (Verbindungsmann Hitlers zu den Konzernherren. E. C.) in meinem Hause in Köln ein... Papen führte aus, daß er es für das Beste halte, eine Regierung zu formen, bei der die konservativen und nationalen Elemente, die ihn unterstützt hatten, zusammen mit den Nazis vertreten seien. Daraufhin hielt Hitler eine lange Rede, in der er sagte, daß, wenn er zum Kanzler ernannt werden würde, Anhänger von Papens als Minister in seiner, Hitlers, Regierung teilnehmen könnten, sofern sie gewillt wären, seine Politik, die viele Änderungen bestehender Zustände verfolgte, zu unterstützen. Er skizzierte diese Änderungen, einschließlich der Entfernung aller Sozialdemokraten, Kommunisten und Juden von führenden Stellungen in Deutschland und der Wiederherstellung der Ordnung im öffentlichen Leben. Von Papen und Hitler erzielten eine prinzipielle Einigung." (Czichon, Seite 76)

Schröder legte in dieser eidlichen Aussage auch die Hintergründe für das Zusammentreffen Papens mit Hitler dar:

„Bevor ich diesen Schritt unternahm, besprach ich mich mit einer Anzahl von Herren der Wirtschaft und informierte mich allgemein, wie sich die Wirtschaft zu einer Zusammenarbeit der beiden stellte. Die allgemeinen Bestrebungen der Männer der Wirtschaft gingen dahin, einen starken Führer in Deutschland an die Macht kommen zu sehen, der eine Regierung bilden würde, die lange Zeit an der Macht bleiben würde.

Als die NSDAP am 6. November 1932 ihren ersten Rückschlag erlitt und somit also ihren Höhepunkt überschritten hatte, wurde eine Unterstützung durch die deutsche Wirtschaft besonders dringend. Ein gemeinsames Interesse der Wirtschaft bestand in der Angst vor dem Bolschewismus und in der Hoffnung, daß die Nationalsozialisten – einmal an der Macht – eine beständige politische und wirtschaftliche Grundlage in Deutschland herstellen würden. Ein weiteres gemeinsames Interesse war der Wunsch, Hitlers wirtschaftliches Programm in die Tat umzusetzen, wobei ein wesentlicher Punkt darin lag, daß die Wirtschaft sich selbst lenken sollte zur Lösung der von der politischen Führung gestellten Probleme...

In diesem Zusammenhang sind zu erwähnen: eine von Hitler projektierte Erhöhung der deutschen Wehrmacht von 100000 auf 300000 Mann, das Bauen von Reichsautobahnen und die Kredite, die der öffentlichen Hand gegeben werden sollten... und Förderung solcher Industrien wie Automobil- und Flugzeugbau und der damit verbundenen Industrien... Es war darüber hinaus klar, daß wirtschaftliche Stärke eine Stellung bedeutet, in der Deutschland nicht mehr vom Ausland abhängig sein würde. Diese Bestrebungen, Deutschland autark zu machen, wurden von gewissen wirtschaftlichen Unternehmungen möglicherweise nicht aus Idealismus, sondern aus nackter Profitgier begrüßt, also eine Möglichkeit, den eigenen Machtbereich zu vergrößern.

Eine solche Möglichkeit war zweifellos auf dem Gebiet der Erzeugung des synthetischen Öls und Kautschuks gegeben.

Das wirtschaftliche Programm Hitlers war der Wirtschaft allgemein bekannt und wurde von ihr begrüßt." (ebenda)

Damit waren die Würfel gefallen. Die Konzerne waren sich einig, auf der Linken war man sich nicht einig. Am 30. Januar 1933 wurde Hitler von demselben Hindenburg zum Reichskanzler ernannt, den neun Monate vorher Millionen Sozialdemokraten und Gewerkschafter gewählt hatten, weil man ihnen versprach, er würde Hitler nie die Macht übergeben.

Die Ernennung des Kabinetts Hitler vollzog sich in einer Atmosphäre höchster Spannung. Die Drahtzieher hinter Hindenburg, Papen und Hitler zitterten noch im letzten Augenblick vor der Möglichkeit, daß die Arbeiterschaft geschlossen zuschlagen könne. In aller Heimlichkeit berief man den nazistischen General Blomberg von den Abrüstungsverhandlungen in Genf zurück; er bekam von Hindenburg die Ernennungsurkunde als neuer Reichswehrminister, bevor die übrigen Minister auch nur erschienen waren, berichtete der als Reichskommissar zunächst auch in Hitlers Kabinett verbliebene Gereke. (Gereke, Seite 230)

Was dann kam, war eine Illustration des Gangstertums, in das Deutschland nun gestürzt wurde. Brüning schreibt:

„Die Minister wurden auf zehn Uhr zwecks Vereidigung zum Reichspräsidenten bestellt. Krosigk und Neurath, die nicht am vorigen Abend zum Reit- und Fahrturnier gegangen waren, glaubten, daß sie für ein Kabinett Papen vereidigt würden. Erst in letzter Minute erfuhren sie, daß es sich um ein Kabinett Hitler handelte. Zum Arbeitsminister war Seldte (Führer des „Stahlhelm") bestellt. Er hatte die Hoffnung aufgegeben und lag, als Meißner ihn anrufen ließ, um ihn zur Vereidigung zu holen, noch im Bett. Er erklärte, er werde kaum rechtzeitig da sein können. Man entschloß sich, Duesterberg (zweiter Vorsitzender des „Stahlhelm") zum Arbeitsminister zu machen. Er erschien rechtzeitig im Hause des Reichspräsidenten, wo man ihm mitteilte, er müsse Arbeitsminister werden und würde sofort vereidigt. Duesterberg, dessen Großvater Rabbiner war, nahm an. Als die Minister sich im geschlossenen Zug in das Zimmer des Reichspräsidenten zu gehen anschickten, erschien Seldte auf der Bildfläche. Duesterberg wurde die Ernennungsurkunde aus den Händen genommen und zerrissen, und Seldte erhielt seine alte Urkunde ausgefertigt.

Die neue Regierung war in Panikstimmung." (Brüning, Seite 647)

In höchster Sorge, ein Zusammengehen der demokratischen Parteien zu verhindern, bestellte Hitler den Zentrumsvorsitzenden Kaas und Brüning zu sich:

„Hitler ließ durchblicken, daß er vielleicht nachträglich einen Zentrumsmann in das Kabinett hineinnehmen würde, vielleicht als Justizminister." (a.a.O., Seite 648)

Am Nachmittag des 30. Januar 1933 überbrachte der Reichstagsabgeordnete Walter Ulbricht dem Parteivorstand der SPD im Auftrage des Zentralkomitees der KPD das Angebot, gemeinsam die nazisitische Diktatur zu verhindern. Der SPD-Vorstand lehnte ab. In dem Appell der KPD hieß es:

„Die Kommunistische Partei Deutschlands wendet sich vor der gesamten proletarischen Öffentlichkeit zugleich an den ADGB, an den AfA-Bund, an die SPD und die christlichen Gewerkschaften mit der Aufforderung, gemeinsam mit den Kommunisten den Generalstreik gegen die faschistische Diktatur der Hitler, Hugenberg, Papen, gegen die Zerschlagung der Arbeiterorganisationen, für die Freiheit der Arbeiterklasse durchzuführen!

Die KPD appelliert an die Millionenmassen der sozialdemokratischen, freigewerkschaftlichen, christlichen und Reichsbannerarbeiter in Stadt und Land wie an die unorganisierten Arbeitermassen:

Führt gemeinsam mit euren kommunistischen Klassengenossen in allen Betrieben und Arbeiterwohnvierteln die Massendemonstrationen, den Streik, den Massenstreik, den Generalstreik durch!" (Geschichte der Deutschen Arbeiterbewegung", Band 5, Seite 13)

Der Vorstand der SPD und der sozialdemokratischen Reichstagsfraktion gab dagegen einen Aufruf heraus, in dem es hieß:

„Wir führen unseren Kampf auf dem Boden der Verfassung. Die politischen und sozialen Rechte des Volkes, die in Verfassung und Gesetz verankert sind, werden wir gegen jeden Angriff mit allen Mitteln verteidigen. Jeder Versuch der Regierung, ihre Macht gegen die Verfassung anzuwenden oder zu behaupten, wird auf den äußersten Widerstand der Arbeiterklasse und aller freiheitlich gesinnten Volkskreise stoßen. Zu diesem entscheidenden Kampf sind alle Kräfte bereitzuhalten.

Undiszipliniertes Vorgehen einzelner Organisationen oder Gruppen auf eigene Faust würde der gesamten Arbeiterklasse zum schwersten Schaden gereichen!" („Vorwärts", 31. Januar 1933)

In riesigen Demonstrationen und Kundgebungen, bei denen Kommunisten und Sozialdemokraten oft spontan zusammengingen, demonstrierten die Massen dennoch am 30. und am 31. Januar gegen die drohende Nazidiktatur, so in Berlin, Braunschweig, Breslau, Chemnitz, Dresden, Düsseldorf, Elberfeld, Eßlingen, Frankfurt a. Main, Halle, Hamburg, Karlsruhe, Köln, Konstanz, Leipzig, Mainz, Mannheim, München und Stuttgart. Der „Vorwärts" berichtete, daß es in den ersten Februartagen in Chemnitz, Duisburg, Kaiserslautern, in Oberschlesien und ihm Ruhrgebiet zu blutigen Zusammenstößen, Feuergefechten und Straßenkämpfen zwischen der Arbeiterschaft und SA und SS kam.

Am 6. Februar erneuerte Wilhelm Pieck das Einheitsfrontangebot des ZK der KPD. Am 7. Feburar demonstrierten auf einer sozialdemokratischen Kundgebung in Berlin 200000 Arbeiter und Antifaschisten gegen die Hitlerregierung. Die KPD hatte einen offiziellen Vertreter zu dieser Kundgebung entsandt mit einer Erklärung, in der es hieß:

> „Alles können wir in diesen Tagen und Wochen gewinnen, aber auch vieles verlieren. Wir müssen deshalb sofort die Einheitsfront zum gemeinsamen Kampf schließen."

Die Kundgebungsleitung verbot dem Vertreter der KPD die Verlesung dieser Erklärung. Der „Vorwärts" begründete dies am 8. Februar damit, die Polizei hätte das sonst als „Provokation" auffassen können und die Kundgebung aufgelöst. Im übrigen solle man „nicht über die Einheitsfront diskutieren, sondern handeln".

Hoegner berichtet darüber:

> „Der Parteivorsitzende Otto Wels hielt eine seiner weithin hallenden Ansprachen, aber sie zündete nicht, die Menge blieb dumpf und stumm. Dann ereignete sich vorne bei der Versammlungsleitung ein Zwischenfall. Der Vorsitzende der kommunistischen Reichstagsfraktion, Ernst Torgler, verlangte das Wort. Einige Dutzend seiner Anhänger riefen laut seinen Namen. Aber eine kommunistische Rede war im Programm nicht vorgesehen. Man lehnte ab. Der Versammlungsleiter teilte das der Masse mit der seltsamen Begründung mit, daß sonst ein weiterer sozialdemokratischer Redner die Ausführungen Torglers erst wieder berichtigen müßte.
>
> Wahrscheinlich wollte man nicht den Anschein einer gemeinsamen sozialdemokratisch-kommunistischen Kundgebung erwecken. Gerüchte von einem bevorstehenden Verbot der Kommunistischen Partei gingen um. Da galt es wohl, den Trennungsstrich recht deutlich zu ziehen." (Hoegner, Seite 68)

Auf der Sitzung des Parteivorstands der SPD am 31. Januar hatte Breitscheid als Referent vorgetragen:

> „Seit gestern ist Adolf Hitler Reichskanzler, und zwar ist er Reichskanzler geworden auf legalem Wege, nicht durch einen Putsch... Wenn Hitler den Weg der Verfassung beschreitet, steht er an der Spitze einer Rechtsregierung, die wir bekämpfen können und müssen, mehr noch als die früheren. Aber es ist dann eben eine verfassungsmäßige Rechtsregierung... Es wäre töricht, wenn die Sozialdemokratische Partei und wenn die Arbeiterschaft überhaupt durch irgendwelche ungestümen und voreiligen Aktionen eine Entwicklung, die sich innerhalb der Regierung vollziehen muß, hindern und hemmen würde, wenn sie dazu

beitrüge, diese einander widerstrebenden Kräfte zusammenzuschweißen." (Akten SPD-PV, Seite 139)

Genau umgekehrt war es: Da von links her kein entscheidender Druck gegen Hitler ausgeübt wurde, konnte er durch Versprechungen und Erpressungen zunächst die bürgerlichen Parteien zum Verfassungsverrat bringen, bevor er zum endgültigen Schlage ausholte. Zunächst heuchelte er „Verfassungstreue", um die Sozialdemokratie und das demokratische Bürgertum weiter zum Stillhalten zu veranlassen:

„Am 30. Januar leistete Hitler in die Hand Hindenburgs den Eid auf die republikanische Verfassung. Frick (Innenminister) beeilte sich, den Journalisten zu versichern, niemand denke daran, die Presse zu knebeln, die neue Regierung lege Wert auf die freie Meinungsäußerung. Er teilte mit, daß das Kabinett ein Verbot der KPD abgelehnt habe." (Stampfer, Seite 669)

Dann aber kam die gigantische Provokation, die es ermöglichen sollte, den Mordterror zu „legalisieren": In der Nacht zum 28. Februar 1933 ging das Reichstagsgebäude in Flammen auf. Noch in derselben Nacht wurden aufgrund vorbereiteter Listen 10000 Arbeiter-Funktionäre, meist Kommunisten, verhaftet. Denn es sei „bewiesen", daß die KPD den Brand hätte legen lassen, verbreitete die amtliche Nachrichtenagentur. Der Brandstifter, ein holländischer Landstreicher namens Marinus van der Lubbe, habe ein kommunistisches Parteibuch bei sich getragen.

Als Ende 1933 der Reichstagsbrandprozeß gegen v. d. Lubbe und die kommunistischen Funktionäre Dimitroff, Taneff, Popoff und Torgler geführt wurde, die man mit diesem zusammen angeklagt hatte, brach das Lügengebäude zusammen; alle Kommunisten mußten freigesprochen werden. V. d. Lubbe brachte während des ganzen Prozesses kein Wort heraus – er war unter Drogen gesetzt worden, damit er nicht aussagen konnte, mit wem er wirklich Verbindung hatte.

Erst fast 50 Jahre später meldete sich der Hauptzeuge zu Wort: Der frühere Chemikaliengroßhändler Philipp Bachmann teilte in einem Zeitungsinterview mit, daß er, ohne den Verwendungszweck zunächst zu ahnen, das Material für die Brandstiftung an die SA geliefert hatte – und zwar durch Vermittlung eines Branchenkollegen namens Gambke. Hindenburgs Neffe, der Industriekaufmann Albert v. Hindenburg, sei Mitwisser gewesen.

„Mit Rücksicht auf die Familie Hindenburg" hatte Bachmann, wie er selbst sagt, sein Wissen fast 50 Jahre lang verschwiegen. Als Abnehmer seiner Brandmaterialien nennt er die SA-Leute Arnold und Petzold aus der Umgebung von Goebbels, einen SA-Mann aus der Leibwache Görings und den als Chef des Geheimdienstes der SS international berüchtigten Reinhard Heydrich. („Mannheimer Morgen", 5. August 1978)

Die Wirkung der Reichstagsbrand-Provokation auf Bürgertum und Sozialdemokratie schildert Hoegner:

„Mit einem Schlage wurden jetzt unsere sämtlichen Zeitungen, unsere Wahlflugblätter verboten, Stadt und Land mit erfundenen Greuelmärchen über geplante kommunistische Attentate überschwemmt. Das war der Schlag auf den Kopf. Der deutsche Bürger und Bauer geriet in sinnlose Wut. Bolschewismus vor den Toren, das war zuviel! Nun fiel der übergroße Teil des Volkes willenlos der nationalsozialistischen Propaganda anheim. Die Verleumdung hatte freie Bahn. Selbst uns Sozialdemokraten hatte Göring wider besseres Wissen mit den Reichstagsbrandstiftern in Verbindung gebracht. Wir hatten keine Möglichkeit der Gegenwehr. Die Grundrechte der Verfassung: Meinungs-, Presse-, Versammlungs- und Vereinsfreiheit wurden von der Reichsregierung am 28. Februar aufgehoben. Wir waren vogelfrei." (Hoegner, Seite 64f.)

Noch blutiger tobte der Terror bereits gegen die Kommunisten. Aber auch vor denen machte er nicht halt, die jahrelang mit der Hitler-Partei gekuhhandelt hatten. Brüning schildert:

„Die Haussuchungen und Verhaftungen häuften sich... Die Verwarnungen und das Einschreiten gegen katholische Organisationen machten einen Teil der höheren Geistlichkeit mürbe. Sie kamen gelaufen und baten, man solle doch eine freundliche Haltung zur Regierung einnehmen. Ich ahnte damals und schon seit langem ihre finanzielle Abhängigkeit von der Regierung; die volle Tragweite dieser Abhängigkeit wurde mir jetzt erst schrittweise bewußt. Die Verleger der katholischen Zeitungen wurden nervös. Sie befürchteten den Ruin ihrer Unternehmungen. Es gelang nicht, sie zu überzeugen, daß dieser Ruin sowieso kommen würde. Schon vor dem 21. März schwenkte die ‚Augsburger Post' völlig um; das war das erste Signal. Unterdessen waren nahezu sämtliche Kommunisten und einige Mitglieder der SPD verhaftet. Noch einige Verhaftungen, und die Parteien rechts von der Zentrumspartei hatten bereits eine Zweidrittelmehrheit im Reichstag." (Brüning, Seite 653)

Die katholischen Zeitungsverleger kapitulierten, weil sie nicht begriffen, „daß der Ruin sowieso kommen würde". Aber auch Führer der SPD und der Gewerkschaften begriffen es nicht.

Inzwischen verhandelte der Zentrumsvorsitzende Kaas mit Hitler:

„Von Unterredung zu Unterhaltung sah ich Kaas' Widerstand erlahmen. Er hatte noch immer die Hoffnung, einen unserer Leute als Justizminister und mich als Außenminister durchdrücken zu können." (a.a.O., Seite 655)

Der Terror auf der einen Seite und das Winken mit einem Konkordat zwischen Hitler-Regierung und Vatikan brachten schließlich die Zentrumsführung auf Hitlers Seite:

> „Kaas' Widerstand wurde schwächer, als Hitler von einem Konkordat sprach..., für ihn als Prälaten war die Sicherung der Beziehung zwischen dem Vatikan und dem deutschen Reich eine entscheidende Frage... Er erklärte mir, daß vor allem die Formel ‚die freundschaftlichen Beziehungen zum Heiligen Stuhle', der größte Erfolg sei, den man seit zehn Jahren in irgendeinem Lande gehabt habe... Vor den entscheidenden Fraktionsberatungen wurde mir mitgeteilt, daß schon 70 Prozent der Fraktion entschlossen seien, dem Ermächtigungsgesetz zuzustimmen." (a.a.O., Seite 656f.)

Dieses Gesetz ermächtigte, wie schon sein Name besagt, die Hitler-Regierung, vier Jahre lang nach eigenem Ermessen diktatorisch zu regieren, ohne Reichtagsbeschlüsse und ohne Rücksicht auf die Verfassung, die auf dem Papier weiter existierte.

Mit den Parteien der Hitler-Regierung (NSDAP und Deutschnationale) stimmten die Deutsche Volkspartei, das Zentrum und die Demokraten (Staatspartei), die sich bisher als „verfassungstreu" gegeben hatten. Lediglich die SPD stimmte mit Nein.

Da die 81 kommunistischen Abgeordneten rechtmäßig gewählt waren, war es ein klarer Verfassungsbruch, ihre Mandate zu annullieren. Die angebliche Zweidrittel-Mehrheit für das Ermächtigungsgesetz war nur durch Bruch der Verfassung zustande gekommen. Hitler war keineswegs auf legale Weise Ermächtigungskanzler geworden. Hoegner, selbst Jurist und Parlamentarier, bestätigt dies ausdrücklich:

> „Wir erfuhren, daß der Reichstagspräsident Göring den 81 kommunistischen Abgeordneten unter Bruch der Verfassung keine Freifahrtkarten ausgestellt hatte. Jeder Abgeordnete der Kommunistischen Partei, dessen man habhaft werden konnte, wurde verhaftet. Aus diesem Grunde konnte kein einziger von ihnen im Reichstag erscheinen. Die Reichsregierung hatte ursprünglich beabsichtigt, die Kommunistische Partei noch vor den Wahlen vom 5. März 1933 zu verbieten und die kommunistischen Kandidatenlisten für ungültig zu erklären. Aber da sie annahm, daß dann ein großer Teil der kommunistischen Wähler ihre Stimme den sozialdemokratischen Kandidaten geben würde, war sie davon wieder abgekommen. Dafür schaltete sie jetzt die Kommunisten unter Verfassungsbruch aus. Ein Vorschlag unseres Fraktionsvorstandes, im Reichstag auf diese Angelegenheit einzugehen, wurde von der großen Mehrheit der Fraktion abgelehnt. Man wollte keinen Anlaß geben, die von Göring wider besseres Wissen behauptete Verbindung zwischen Kommunisten und Sozialdemokraten beim Reichstagsbrand nachträglich doch als möglich erscheinen zu lassen. Das war bei Gott nicht mutig und folgerichtig, aber viele von uns machten die unsinnige Politik der Kommunisten für alles Unheil verantwortlich." (Hoegner, Seite 125/126)

Weder Streik noch Einheitsfront

Auf die „unsinnige Politik der Kommunisten" stützte also die SPD-Führung ihre Ablehnung aller Einheitsfrontangebote der Kommunisten zur Abwehr der faschistischen Gefahr.

Zwischen der sozialdemokratischen und der kommunistischen Partei in Deutschland standen nicht nur ideologische Gegensätze wie in anderen Ländern. Zwischen ihnen stand Blut. Bis zum Ersten Weltkrieg waren alle Anhänger des Sozialismus in der Sozialdemokratischen Partei Deutschlands gewesen. Die Zustimmung der Reichstagsfraktion und des Parteivorstandes zur Kriegserklärung des Kaiserreiches und zur Kriegsführung führte zur Spaltung. Und dann wurde Blut vergossen. Unter der Verantwortung des Reichswehrminister Noske, der sich selbst als „Bluthund" bezeichnete, wurden die Gründer der KPD, Karl Liebknecht und Rosa Luxemburg, ermordet. Reichswehr und faschistische Söldnerbanden („Freikorps") wurden 1919 in Berlin und München, 1920 im Ruhrgebiet gegen die Arbeiterschaft eingesetzt. 1923 marschierte die Reichswehr in Sachsen und Thüringen ein, um die parlamentarisch gebildeten Landesregierungen aus SPD und KPD auseinanderzujagen. Das Blutbad anläßlich der 1.-Mai-Demonstration in Berlin 1929, dem 33 Arbeiter zum Opfer fielen, bestärkte große Teile der KPD in der Auffassung, die Sozialdemokratie sei „die soziale Hauptstütze der Bourgeoisie", die Sozialdemokraten seien „Sozialfaschisten". Dieses falsche und böse Wort hat viel Schaden angerichtet.

Dieser Begriff wäre jedoch nicht aufgekommen ohne das blutige Vorgehen von Reichswehr und Polizei gegen die proletarische Linke in der Weimarer Republik. Man kann auch nicht verschweigen, daß dieselbe Beschimpfung, in umgekehrter Richtung, von der SPD-Führung gegen die Kommunisten verwandt wurde, schon bevor diese das Wort vom „Sozialfaschismus" gebrauchten:

> Arthur Crispien 1924: Kommunismus sei „nichts anderes als der Faschismus." (Protokoll des SPD-Parteitages in Berlin, Seite 58)
>
> Otto Wels: „Bolschewismus und Faschismus sind Brüder." (Protokoll des Leipziger SPD-Parteitages 1931, Seite 19)

Unter dem Einfluß solcher Thesen der Parteispitze schrieb die SPD-Presse dann von „Nazis und Kozis", die es gleichermaßen zu bekämpfen gelte. Es ist folglich unwahr, zu behaupten, eine Einheitsfront gegen den Faschismus sei deshalb nicht zustande gekommen, weil die Kommunisten das Wort vom „Sozialfaschismus" gebrauchten. Selbstmörderisch aber war es, den Bruderkampf noch weiter fortzusetzen, nachdem in der Führung der KPD 1931 der Umdenkungsprozeß begonnen hatte, und die Vertreter des ultralinken Flügels, Flieg, Heinz Neumann und der Vorsitzende des Jugendverbandes, Kurt Müller, ihrer führenden Positionen enthoben wurden. Die Führung der SPD jedoch war bereit, Hindenburg und der Reichswehr, ja sogar Frick und Hitler zu glauben, wie wir gesehen haben – aber nicht dem Angebot der KPD, den gemeinsamen Feind gemeinsam zu bekämpfen.

Als nach dem Regierungsantritt Papens, am 16. Juni 1932, die Bezirksleitung Berlin-Brandenburg der KPD, geführt von Walter Ulbricht und Wilhelm Pieck, der Berliner SPD, dem ADGB und dem Reichsbanner das Angebot zu gemeinsamen Kundgebungen gegen den drohenden Staatsstreich machte, wurde dies als „unehrliches Einheitsfrontmanöver" abgetan („Vorwärts", 18. Juni 1932). Und dabei blieb es, auch bei allen späteren Vorschlägen der KPD.

Die Bereitschaft der KPD, die preußische Regierung gegen Papen zu unterstützen hätte auch in der SPD-Führung als Signal wirken müssen. Manche erkannten das. In der Parteivorstandssitzung am 5. Februar 1933 sagte der Berliner SPD-Vorsitzende Künstler:

> „In der KPD sei auch schon eine andere Einstellung, das habe die Rede Piecks im Landtag bewiesen." (Akten SPD-PV, Seite 164)

Der Chefredakteur des Zentralorgans „Vorwärts", Friedrich Stampfer, hatte in einem Leitartikel die Möglichkeit und Notwendigkeit der Einheitsfront angedeutet. In der erwähnten Parteivorstandssitzung sagte er, es scheine ihm doch

> „notwendig, den Kommunisten direkt ein Angebot zu machen. Wir müßten mit ihnen sprechen, wie sie sich zu einem Generalstreik stellten." (ebenda, Seite 163)

Dazu noch einmal Künstler:

> „Es ergebe sich für uns die Frage, ob wir die Arbeiter immer weiter zurückhalten sollten, wenn sich die Stimmung steigere und sie schließlich den kommunistischen Parolen Folge leisten. Stampfers Artikel wäre in den Betrieben sehr gut aufgenommen worden." (ebenda, Seite 164)

Aufhäuser:

> „Stampfers Artikel habe eine sehr gute Wirkung gehabt." (ebenda, Seite 165)

Aber die Mehrheit der sozialdemokratischen Führung, die auf Hindenburg vertraut hatte und auf den Staatsgerichtshof, war jetzt bereit, selbst der Regierung Hitlers mit Hoffnungen entgegenzusehen. Als Referent hatte auf der Parteivorstandssitzung am 31. Januar 1933 Rudolf Breitscheid ausgeführt:

> „Neben Herrn Hitler sitzt Hugenberg... Hier werden sich Gegensätze ergeben... Hitler ist zwar Reichskanzler, aber es sitzen mehrere Auf-

passer des Reichspräsidenten im Kabinett, wie Papen, Krosigk, von Neurath. Wir dürfen überzeugt sein, daß sie dahin gebracht worden sind durch den Reichspräsidenten, um Herrn Adolf Hitler, dem Mann, dessen Idee doch die Alleinherrschaft ist, Schranken zu setzen und Fesseln aufzuerlegen.

Ich glaube, es wäre bedenklich, wenn die Sozialdemokratische Partei und wenn die Arbeiterschaft überhaupt durch irgendwelche ungestümen und voreiligen Aktionen eine Entwicklung, die sich innerhalb der Regierung vollziehen muß, hindern und hemmen würde; wenn sie dazu beiträgt, diese einander widerstrebenden Kräfte zusammenzuschweißen...

Ich habe in der gestrigen Sitzung den Reichstagspräsidenten Göring daran erinnert, daß er bei der Eröffnung des Reichstages eine Rede gehalten hat, daß das Parlament eine Stelle sei, wo die Meinung aus dem Munde des Volkes zum Ausdruck kommen..., und er hat immer wieder versichert, das sei auch jetzt noch durchaus seine Meinung...

Das erste ist, daß auch Mussolini seine Laufbahn als Leiter Italiens begonnen hat, indem er mit dem Parlament regierte. Auch Mussolini hat regiert mit der italienischen Zentrumspartei, den Populari... Zweifellos liegt bei den Nationalsozialisten der Wunsch vor, ähnlich in Deutschland vorzugehen...

Wenn Hitler sich zunächst auf den Boden der Verfassung hält und mag das hundertmal Heuchelei sein, wäre es falsch, wenn wir ihm den Anlaß geben, die Verfassung zu brechen, ihn von dem Boden des Rechts zu entfernen, abgesehen von dem Grund, daß wir in demselben Augenblick die widerstrebenden Kräfte innerhalb des Kabinetts zusammenschweißen." (Akten SPD-PV, Seite 141 ff.)

Am 14. März 1933 tritt der Parteivorstand wieder zusammen. Otto Wels legt dar:

„Es ist eine feststehende Tatsache, daß die deutsche Solzialdemokratie ein starker Aktivposten in der deutschen Auslandspolitik war, und es ist ohne Frage, daß die deutsche Sozialdemokratie und die Organe ihrer Bewegung ein Aktivposten jeder deutschen Regierung im Ausland sein können. Es fragt sich nur, ob die neue Regierung den Aktivposten für sich nutzbar machen wird." (Akten SPD-PV, Seite 170)

Und:

„Man beachte die beiden Gegensätze: Herr Göring, der immer und immer wieder in niederträchtiger Weise aufgetreten ist, und Hitler, von dem einige sagen, daß er gelegentlich die Dinge besser übersehe, der zur Besonnenheit mahnt." (ebenda, Seite 179)

Hoegner faßt diese Erwartungen zusammen:

> „Vielleicht würde man uns wieder holen, wenn es nicht mehr weiterging. Unsere Leute waren den blutjungen, tapsigen Nationalsozialisten an Fachwissen und Erfahrung weit überlegen. Hatte man nicht schon einmal, im Oktober 1918, nach dem Zusammenbruch des kaiserlichen Heeres, die freien Gewerkschaften und die Sozialdemokratische Partei herangeholt, den Zerfall des Reiches, den wirtschaftlichen Untergang zu verhindern?
>
> Wenn nur Hitler aufgehört hätte, sich aus Rache für seine lange Wartezeit zur Macht an unschuldigen, wehrlosen Menschen zu vergreifen! Aber das mußte doch auch einmal zu Ende sein. Das war unsere Stimmung in jenen Wochen." (Hoegner, Seite 146/147)

Und zur Haltung der Gewerkschaftsführung:

> „Im Laufe des Monats April 1933 trennten die freien Gewerkschaften Deutschlands ihr Schicksal endgültig von dem der Sozialdemokratischen Partei. An manchen Orten, wie in Hamburg, hatten sich die auf sozialdemokratischen Listen gewählten Gewerkschaftsführer im Stadtrat schon früher zu einer eigenen Fraktion zusammengeschlossen (– – – –) Zur Maifeier 1933 erließ der Vorstand der freien Gewerkschaften einen Aufruf, in dem die Mitglieder der Gewerkschaften zur Teilnahme an den nationalsozialistischen Maifeiern aufgefordert wurden. Die Erklärung enthielt Stellen, die nur als Anbiederung an die neuen Machthaber aufgefaßt werden konnten. Kurz vorher hatten Leipart, Graßmann und andere Gewerkschaftsführer angeordnet, daß die Millionenbeträge des Gewerkschaftsvermögens, die in den vorausgehenden Monaten ins Ausland gerettet worden waren, wieder zurückgeholt würden. Sie kamen gerade noch recht, um in die Hand der Nationalsozialisten zu fallen. Ausländische Gewerkschaftsführer wurden in diesen Tagen von den Vorständen der deutschen Gewerkschaften nicht mehr empfangen, so sehr waren diese von Furcht verwirrt und gelähmt. Sie hatten immer noch gehofft, nach dem italienischen Vorgang in den Staat eingegliedert und zu Staatsbeamten ernannt zu werden." (ebenda, Seite 178)

Die Führung der SPD hatte sich nie die Mühe gemacht, die Frage ernsthaft zu prüfen, was der Faschismus denn nun eigentlich sei, dessen Regime in Italien schon zehn Jahre existierte. Man pickte sich die Dinge heraus, die dem blinden Vertrauen in „den" Staat entsprachen: daß Mussolini jahrelang das Parlament hatte weiterwursteln lassen; daß Gewerkschafts- und Parteiführer von den Faschisten in Italien übernommen worden waren, wenn sie nur genügend katzbuckelten. Für alles andere aber hatte man nur die hilflose Formel: „Deutschland ist nicht Italien".

Und im übrigen den Antikommunismus. Auch noch nach 1933. Aus dem Untergang der Weimarer Republik zogen die Sozialisten in Frankreich, in

Spanien, im damals noch autonomen Saargebiet, in Italien und anderen Ländern die Konsequenz, daß zur Abwehr der faschistischen Gefahr die Einheitsfront der Linken hergestellt werden müsse. Der Vorstand der SPD hat sich dazu nie – auch nicht in der Emigration 1933/45 – durchgerungen. Rudolf Breitscheid, prominentes Mitglied des PV der SPD, der sich in der Emigration zur Volksfront gegen den Faschismus bekannte und im KZ Buchenwald den Tod fand, wird bis zum heutigen Tage als „Unperson" behandelt.

Die Führung der deutschen Sozialdemokratie vertraute Hindenburg und dem Staatsgerichtshof, sie verließ sich, wie wir gesehen haben, sogar auf Erklärungen von Frick und von Hitler, sie hoffte auf Hugenberg und die Reichswehr – nur auf die deutsche Arbeiterschaft vertraute sie nicht. Nicht auf die eigenen Arbeiteranhänger und nicht auf die kommunistischen. Hoegner hat es in ergreifender Weise geschildert:

> „Wir bauten also auf die Verfassung. Dann auf den Reichspräsidenten, den alten ‚getreuen Ekkehard'. Dann auf das Zentrum und die Macht der katholischen Kirche, die einen über- und unterirdischen Einfluß zur Erhaltung des Rechtsstaats ausüben sollten. Dann auf die Deutschnationalen, die Hitler bändigen sollten. Dann auf Bayern. Dann auf die Reichswehr. Dann auf den ‚Stahlhelm'. Nur nicht auf uns selbst." (Hoegner, Seite 55)

Die Kommunisten lehnten es als illusionär ab, Sieg oder Niederlage des Faschismus von parlamentarischen Vorgängen zu erwarten; die Installierung des italienischen Diktators Mussolini durch Königshaus und Generalität bestärkte sie in der Überzeugung, der Faschismus sei „die Erklärung des Bürgerkriegs gegen das Proletariat durch die Bourgeoisie", wie Thälmann formulierte. Deshalb wiesen sie auch die Auffassung zurück, eine faschistische Diktatur könne „abwirtschaften".
Als der SPD-Abgeordnete Rudolf Breitscheid, Mitglied des Parteivorstandes, am 5. November 1931 bei einer Kundgebung in Emden angedeutet hatte, die SPD sehe in einem Regierungsantritt Hitlers eine Chance, daß dieser abwirtschafte, verurteilte Thälmann dies in einem Artikel in der theoretischen Zeitschrift „Die Internationale" (Nr. 11/12, 1931), und nannte die Vorstellung von einer „Hitler-Regierung, die sich leicht schlagen lassen werde" eine „völlig falsche Einschätzung des Faschismus". (Thälmann, Reden und Aufsätze, II/Seite 115)

Und anschließend:

> „Es muß uns gelingen, die defätistischen Stimmungen in der Arbeiterklasse gegenüber dem Faschismus, wie sie von den SPD-Führern gezüchtet werden, restlos zu überwinden. Andernfalls kann die Gefahr entstehen, daß die Bourgeoisie auf kaltem Wege zur offenen faschistischen Diktatur übergehen könnte, ohne den entschlossenen revolutionären Widerstand des Proletariats bis zu den höchsten Kampfformen befürchten zu müssen." (ebenda, Seite 116)

Ein Jahr später zeigte sich, daß tatsächlich die faschistische Diktatur auf kaltem Wege, mit Hilfe von Reichspräsident und Reichstagsparteien errichtet werden konnte.

Zu der Zeit, als der SPD-Vorsitzende Wels vor dem Parteivorstand meinte, Hitler sei geschlagen, formulierte der Vorsitzende der KPD Ernst Thälmann in einem Referat auf der Parteikonferenz der KPD am 15. Oktober 1932:

> „Der Faschismus ist die offene, unverhüllte Diktatur, die auf dem Wege der Zertrümmerung der Klassenorganisationen des Proletariats aufgerichtet wird und sich vor allem der brutalen Gewaltanwendung zur Unterdrückung der Massen bedient." (ebenda, Seite 286)

Am 7. Februar 1933, nachdem Breitscheid vor dem SPD-Vorstand erklärt hatte, die Regierung Hitler sei eine legale Regierung, und nachdem Wels angedeutet hatte, daß sich vielleicht die Regierung Hitler der SPD zur Unterstützung ihrer Außenpolitik bedienen werde, formulierte Thälmann auf der bereits illegal durchgeführten Tagung des Zentralkomitees der KPD in Ziegenhals:

> „Der Kampf, der vor uns liegt, ist der schwerste, den die Partei zu bestehen hat. Er kann nicht verglichen werden mit den Jahren seit 1923...
>
> Das Kabinett Hitler/Hugenberg/Papen ist die offene faschistische Diktatur. Was die Zusammensetzung der Regierung angeht, so kann es in Deutschland eine weitere Steigerung in Richtung auf den offenen Faschismus kaum mehr geben...
>
> Es ist der Bourgeoisie Ernst damit, die Partei und die ganze Avantgarde der Arbeiterklasse zu zerschmettern. Sie wird deshalb kein Mittel unversucht lassen, um dieses Ziel zu erreichen. Also nicht nur Vernichtung der letzten spärlichen Rechte der Arbeiter, nicht nur Parteiverbot, nicht nur faschistische Klassenjustiz, sondern alle Formen des faschistischen Terrors; darüber hinaus: Masseninternierung von Kommunisten in Konzentrationslagern, Lynchjustiz und Meuchelmorde an unseren tapferen, antifaschistischen Kämpfern, insbesondere an kommunistischen Führern – das alles gehört mit zu den Waffen, deren sich die offene faschistische Diktatur uns gegenüber bedienen wird... Es wäre ein Verbrechen, irgendwelche legalistischen Illusionen in unseren Reihen zu dulden... Die Bourgeoisie hat dem Proletariat den Bürgerkrieg erklärt. Wir sind uns des Ernstes der Situation und der ganzen Verantwortungsschwere bei dieser Feststellung für die Partei bewußt." (ebenda, Seite 345ff.)

Als Aufgabenstellung formulierte Thälmann:

> „Konzentration aller Kräfte auf die Entfaltung jeder Form des Massenwiderstandes... Einheitsfrontpolitik... Stärkster Kurs auf die Zerschlagung aller parlamentarischen und demokratischen Illusionen, auf

> die Erziehung der Massen zum außerparlamentarischen Massenkampf." (ebenda, Seite 356)

Wenige Tage zuvor, am 31. Januar 1933, hatte der Sprecher des ADGB, Graßmann, vor dem Parteivorstand der SPD gesagt:

> „Ich darf für Berlin sagen, daß die städtischen Betriebe fast ausschließlich in den Händen der Organisation sind, daß anscheinend die Gewähr dafür vorhanden ist, daß sie nur den Weisungen ihrer Organisation folgen werden. Wir waren zusammen und sind durchaus der Meinung, daß im Augenblick ein Vorprellen einzelner Belegschaften verhütet werden muß... Wenn die Arbeiterschaft sich jetzt zu verfrühtem, unzweckmäßigem politischen oder gewerkschaftlichen Vorprellen bereit findet, tastet man eventuell die Gewerkschaften selbst an, nimmt die Führer in Schutzhaft, beschlagnahmt die Häuser und Kassen usw.... Wir richten uns ein für ein Bereitsein auf längere Dauer. Das kostet Nerven, das fordert Takt... Ich bin mit Breitscheid der Meinung, daß ein befristeter Generalstreik im Moment ein politischer Unsinn wäre." (Akten SPD-PV, Seite 148ff.)

Wie dagegen die Stimmung in der Arbeiterschaft, in den Gewerkschaften, in der Mitgliedschaft der SPD aussah, dafür bringt Hoegner viele Zeugnisse:

> „Wahrscheinlich wären im Jahre 1932 und noch 1933 mehr Deutsche als je bereit gewesen, für die Verteidigung der Volksfreiheit gegen den Faschismus zu kämpfen... Am 30. Januar 1933 blieb der Befehl zur Verteidigung aus." (Hoegner, Seite 11)

> „Mit diesem erprobten, gutgläubigen und disziplinierten Millionenheer hinter sich, hätte die Führung der deutschen Sozialdemokratie und der freien Gewerkschaften die demokratische Republik durch entschlossenes Handeln vielleicht retten können. Aber auf kühne Taten war unsere Politik nicht eingestellt." (ebenda, Seite 22)

> „Wir fanden im März 1933 das Gewerkschaftshaus in Hannover mit Stacheldrahtverhauen gesichert und die Eingänge von Reichsbannerleuten in Uniform bewacht. Da ging uns das Herz auf (– – –) die Zuversicht der Hannoveraner Genossen und ihr Vertrauen auf die ungebrochene Kraft der freien Arbeiterbewegung steckte uns an." (ebenda, Seite 142)

Über das Ergebnis der Reichstagswahl am 5. März 1933, die Linke (SPD und KPD) hatte praktisch dieselbe Stimmenzahl wie 1919 (SPD und USPD):

> „Das bewies aller Welt: Die Organisationen der freien deutschen Arbeiterbewegung standen noch aufrecht da, die sozialistische Überzeugung war noch tief in Millionen Herzen verwurzelt, während schon die Gewerkschaftshäuser brannten und die schwarz-rot-goldene Fahne

der demokratischen Republik und unsere sozialistische rote Fahne niedergingen. Unter einer geschlossenen Führung wären wir unüberwindlich gewesen.“ (ebenda, Seite 65)

Dann fuhr Hoegner nach Hamburg und faßte Mut angesichts der

„vielen Tausende junger, kräftiger Menschen, die Blüte der Hamburger Arbeiterschaft... Wären ihnen Waffen zur Verteidigung der Demokratie gegeben worden, sie hätten gekämpft bis zum letzten Mann.

Um so furchtbarer war der Eindruck, den ich nach der Versammlung in einer Sitzung der Partei- und Gewerkschaftsvorstände Hamburgs bekam... Der Vorsitzende der Hamburger Gewerkschaften, Ehrenteit, schien über diese Verordnung (Notverordnung Hindenburgs vom 28. Februar 1933) den Kopf verloren zu haben. Er rannte händeringend umher und rief in einem fort, daß mit der Aufhebung des verfassungsmäßigen Schutzes des Eigentums das Vermögen der Gewerkschaft verloren sei... Einige Tage später wunderte ich mich nicht darüber, daß Hamburg, das stolze rote Hamburg, zuerst dem wilden Ansturm der SA widerstandslos erlegen war.“ (ebenda, Seite 85/86)

Er fuhr nach München:

„Die Reichsbannerleute aus dem Gewerkschaftshaus überschütteten Auer (den Landesvorsitzenden der SPD) mit Vorwürfen, daß man ihnen keine Waffen ausgehändigt, sondern ihnen immer befohlen habe, erbeutete nationalsozialistische Maschinengewehre bei der Polizei abzuliefern...

In den Vorstädten, in Schwabing und Sendling, in Giesing und Neuhausen saßen jetzt unsere Reichsbannerleute in höchster Bereitschaft – am Biertisch mit heißen Köpfen, schrien nach Waffen, verwünschten die feige, unfähige Führung und preßten wie ich ihre Fäuste an die altbayerischen Dickköpfe in ohnmächtiger Wut und Scham... (Sie dachten) an die 1100 erschossenen Arbeiter im Ostfriedhof nach der Niederwerfung der Münchener Räterepublik.“ (ebenda, Seite 104ff.)

Im Parteivorstand aber dachte man anders. Parteivorsitzender Otto Wels am 5. Februar vor den Spitzen der SPD und der Gewerkschaft:

„Die Diskussion in den Betrieben über die Einheitsfront sei sehr stark. ... (aber) ... Wenn ein Generalstreik käme, wäre ja an Wahlen nicht zu denken.“ (Akten SPD-PV, Seite 161)

Stellvertretender Parteivorsitzender Vogel:

„In den Betrieben werde geflissentlich die Meinung verbreitet, daß die KPD uns ein Angebot gemacht habe. Sicher sei aber, daß die Arbeiter nur unseren Parolen folgen würden, und nicht denen der Kommunisten.“ (ebenda, Seite 162)

Leipart (ADGB):

„teilt mit, daß auch er mit Einheitsfrontvorschlägen bedacht worden sei...

er aber müßte doch die Frage aufwerfen, welches Ziel wir bei einem Generalstreik stellen könnten... Wenn wir als Ziel nur erklären könnten: wir rufen zum Generalstreik auf, um wieder verfassungsmäßige Zustände zu schaffen, würde das wohl als Parole nicht ausreichend sein, und er frage sich, ob wir andere Parolen hätten... Er käme deshalb zu dem Ergebnis, daß wir doch noch zuwarten müssen, bis ein offener Verfassungsbruch vorliege. Die Kommunisten hätten gewiß damit nicht ganz unrecht, wenn sie sagen, wir kämen in immer schwierigere Situationen." (ebenda, Seite 162/163)

Stampfer:

„scheine es ihm doch notwendig, den Kommunisten direkt ein Angebot zu machen. Wir müßten mit ihnen sprechen, wie sie sich zu einem Generalstreik stellten." (ebenda, Seite 163)

Graßmann (ADGB):

„Was sich bis jetzt politisch ereignet habe, sei immer noch keine Veranlassung zum Losschlagen... Das ewige Gerede, daß wir mit den Kommunisten wegen der Einheitsfront verhandeln sollten, macht unsere Leute nur irre." (ebenda, Seite 164)

Hilferding:

„bedauert, daß Stampfer sich immer wieder mit der Idee beschäftige, wir müßten mit den Kommunisten reden." (ebenda)

Die Tragödie der Gewerkschaften

Die Haltung der Gewerkschaften entsprach ganz dieser Politik der SPD-Führung. In ihrer Jubiläumsschrift zum 75. Jahrestag der Industriegewerkschaft Metall urteilt die größte Gewerkschaft der Bundesrepublik rückschauend:

„Auf der Tagung des ADGB-Bundesvorstands im Januar 1933 hatte sich Leipart noch gegen Meldungen gewandt, die sich auf eine Lockerung der Bindung zwischen Partei und Gewerkschaften bezogen und sie für Blödsinn erklärt. Er schob es ‚Zersetzungsarbeit der Kommunisten' in die Schuhe, daß Artikel in der Gewerkschaftspresse erschienen, in denen in einer auffallend scharfen und taktisch unklugen Form eine Trennung der Gewerkschaften von der SPD das Wort geredet wurde. Doch wenig mehr als zwei Monate später verstand er sich in einem Schreiben an Hitler vom 29. März dazu, die restlose Lösung des

ADGB von der SPD, die Kompromißbereitschaft der freien Gewerkschaften und ihre Zusammenarbeit mit den Unternehmern zur Lösung der sozialen Frage zuzugestehen – alles in dem Wunsch, die Organisation zu erhalten.“ (75 Jahre Industriegewerkschaft, Frankfurt 1966, Seite 286)

Die Jubiläumsschrift zitiert, was im März 1933 in dem von Leipart herausgegebenen Zentralorgan des ADGB „Die Arbeit“ geschrieben stand:

„Die nationale Organisation der Arbeit, die, die die Gewerkschaften aufgebaut haben, ist ein nationaler Wert, den auch die verbündeten Kräfte der Revolution achten und hüten müssen, vor allem die große Bewegung, die sich darauf beruft, daß ihre Revolution zugleich national und sozialistisch sei... Die Gewerkschaften brauchen, auch wenn sie manches aufgeben müssen, was ihrem geschichtlichem Wesen entsprach, ihre Devise: ‚Durch Sozialismus zur Nation‘ nicht zu ändern, wenn die nationale Revolution ihrem Willen zum Sozialismus sozialistische Taten folgen läßt.“

Diesem Zitat fügt die Jubiläumsschrift der IG Metall den Kommentar an:

„Ebenso wenig verfing es, daß der Bundesvorstand des ADGB am 19. April in einem Aufruf die Beteiligung an dem zum Nationalfeiertag erklärten 1. Mai empfahl. Am 2. Mai 1933 fiel der letzte Schlag. Die Gewerkschaftshäuser wurden von der SA besetzt, die Funktionäre verhaftet, fristlos entlassen, viele mißhandelt und ermordet.“ (ebenda)

Die Vorgeschichte dieser Tragödie zieht sich über Jahrzehnte und ist nicht weniger dramatisch. Man könnte den Beginn auf den Kriegsausbruch 1914 legen. Peter v. Oertzen, Mitglied des Parteivorstands der SPD, schreibt dazu:

„Die Haltung von Sozialdemokratie und Gewerkschaft zum Kriegsausbruch 1914 war meiner Meinung nach falsch und die Kritik der linken Opposition 1914 bis 1918 gegen die Burgfriedenspolitik im wesentlichen berechtigt. Rechtssozialdemokratische Gewerkschaftsführer sind damals soweit gegangen, Kriegsgegner in der Gewerkschaft an die Militärverwaltung zu denunzieren, mit dem Ergebnis, daß sie an die Front geschickt und damit aus der innergewerkschaftlichen Auseinandersetzung entfernt wurden. Ich kann diese ungeheuerlichen Vorgänge aus den Akten des Preußischen Staatsarchiva belegen.“ („Erziehung und Wissenschaft“, Zeitschrift der GEW, Nr. 7/79, Frankfurt/M.)

Nicht wenige dieser denunzierten Gewerkschafter wurden von den kaiserlichen Offizieren in „Himmelfahrtskommandos“ gesteckt und verloren ihr Leben oder wurden zum Krüppel geschossen. Die linke Opposition, die v. Oertzen anführt, wurde anfangs von Mitgliedern gebildet, die, wie die rechte Führung, der SPD angehörten. Als aus dieser Linken dann die Kommunistische Partei Deutschlands entstand, und gegen diese nach der Ermordung ihrer Führer Liebknecht und Luxemburg durch Regierungstruppen ein blutiger Unterdrückungsfeldzug geführt wurde, verschärften sich die Gegensätze so stark, daß 1924/25 die damalige KPD-Zentrale unter Führung der Ultralinken Fischer/Maslow die Parole „Heraus aus den Gewerkschaften" ausgab. Die Kommunistische Internationale sah sich veranlaßt, zu intervenieren, um dem anderen Teil der Parteiführung, der sich um Thälmann, Pieck, Ulbricht gruppierte, zur Durchsetzung zu verhelfen.

Mit Beginn der Weltwirtschaftskrise 1929 brachen die Gegensätze von neuem auf. Die Führung des ADGB lehnte aus politischen wie aus wirtschaftlichen Gründen Streikkämpfe ab. Die brutalen Lohnsenkungen und Massenentlassungen aber ließen den Einfluß der Linken in der Gewerkschaft anwachsen, die Abwehrkämpfe verlangte. Die ADGB-Führung antwortete mit Massenausschlüssen, vor allem kommunistischer Mitglieder. Im Kampfe um die Wiederaufnahme schlossen diese sich unter KPD-Leitung zur „Revolutionären Gewerkschafts-Opposition" (RGO) zusammen.

Diese Reaktion war zunächst verständlich. Sie schlug aber nach ultralinks um, als erneut Blut vergossen wurde. Die Polizei, vielfach unter sozialdemokratischer Führung stehend, wie in Preußen, ging gewaltsam gegen „wilde" Streiks vor. Das Blutbad vom 1. Mai 1929 in Berlin gab dem bösen Wort vom „Sozialfaschismus" neue Nahrung: der Polizeipräsident Zörgiebel hatte – als Sozialdemokrat – die Maidemonstration der Arbeiterschaft verboten, und ließ, als dennoch Tausende auf die Straße gingen, 33 Arbeiter erschießen. Auf kommunistischer Seite siegte nun die emotionale Empörung über die Vernunft: aus der RGO als Opposition wurde die „Revolutionäre Gewerkschafts-Organisation" gemacht. Es muß allerdings gesagt werden, daß auch diese RGO sich, ebenso wie die KPD, in den Jahren 1932/33 zu gemeinsamen Aktionen mit der SPD und den Gewerkschaften bereiterklärte. Aber jedes Angebot wurde abgelehnt – die Führung des ADGB war noch weiter nach rechts abgewandert, als der SPD-Vorstand.

Nach der Ernennung Hitlers zum Reichskanzler ging es dann Schlag auf Schlag. Die Zeittafel, die Gerhard Beier aufstellt, ist aufschlußreich:

„31. Januar: Leipart erklärt: ‚Organisation – nicht Demonstration, das ist die Parole der Stunde'.

3. Februar: Mit einem Proteststreik wendet sich die Lübecker Arbeiterschaft gegen den Straßenterror der Nationalsozialisten.

24. Februar: Generalstreik in Hannover.

21. März: Reichstagseröffnung ... Die SPD-Fraktion bleibt demonstrativ fern. Der Bundesvorstand des ADGB gibt eine Erklärung ab, derzufolge die sozialen Aufgaben der Gewerkschaften erfüllt werden sollen, ‚gleichviel welcher Art das Staatsregime ist'. Leipart übermittelt die Erklärung Hitler.

4. April: Nachdem die NSBO bei vielen Betriebsrätewahlen peinliche Niederlagen hinnehmen mußte, wird durch Gesetz die Möglichkeit geschaffen, Betriebsrätewahlen abzubrechen und Betriebsratsmitglieder abzusetzen.

5. April: Der Bundesvorstand des ADGB stellt fest: Es besteht ‚noch keine Klarheit über die künftige Organisationsform der Gewerkschaften und die Abgrenzung ihrer Befugnisse'. Er meint, ‚daß jede deutsche Regierung die nationale Wirksamkeit der Gewerkschaften anerkennen müsse'.

9. April: In einer Erklärung an die Reichsregierung empfiehlt der Bundesvorstand und Bundesausschuß des ADGB die Einsetzung eines ‚Reichskommissars' für die Gewerkschaften.

Am gleichen Tag ... kommt es zum Bruch zwischen ADGB und gewerkschaftlicher Internationale (IGB).

13. April: Vertreter des ADGB (u. a. Leipart und Leuschner) treffen sich in Berlin mit Vertretern der NSBO. Es geht um Fragen der Einheitsgewerkschaft, der Einsetzung eines Reichskommissars und der Gleichschaltung. Leipart lehnt es ab, ‚Verräter an unserer Sache zu sein!'. Die Besprechung endet ohne Ergebnis, aber mit Aussicht auf Fortsetzung.

19. April: Der Bundesausschuß des ADGB fordert die Mitglieder der Gewerkschaften auf, ‚sich allerorts an der von der Regierung veranlaßten Feier des 1. Mai festlich zu beteiligen'.

21. April: In geheimen Rundschreiben werden die Marschbefehle für die ‚Gleichschaltung der Freien Gewerkschaften' am 2. Mai 1933, 10 Uhr, ausgegeben.

28. April: Vertreter des ADGB, des Gesamtverbands der Christlichen Gewerkschaften und des Verbands der Deutschen Gewerkschaftsvereine (HV) bilden einen ‚Führerkreis der Vereinigten Gewerkschaften' mit dem Ziel der ‚Umformung und Vereinheitlichung' der Gewerkschaften und der Förderung eines ‚gesunden Staates und Volkes'. ‚Klassenmäßige Trennung' und ‚volksabgewandte Internationalität' werden verworfen. Der Text kennzeichnet die Schlußphase der Anpassungspolitik". (G. Beier, Das Lehrstück vom 1. und 2. Mai 1933, EVA-Köln, 1975, Seite 76 ff.)

Beier, der von der DGB-Führung mit der Abfassung mehrerer Bücher beauftragt wurde, fügt dem zuletzt von uns zitierten Satz hinzu: „Er wurde zum Ausgangspunkt gemeinsamen Widerstands von Vertretern der früheren Richtungsgewerkschaften" (ebenda, S. 81)

Dieser Versuch aus der „Kapitulation auf Raten" den Auftakt zum Widerstand zu machen, wird jedoch durch Beier selbst widerlegt. Die Kapitel der Detail-Darstellung, die der Zeittafel vorangehen, tragen die Titel:

„1. Station: ... abgewartet ..., 2. Station: ... angebiedert und angepaßt ..., 3. Station: ... verraten und verkauft " (ebenda, S. 7)

Es kann hier nicht darum gehen, Vorwürfe zu formulieren. Wohl aber geht es darum, die Gewerkschafts-Geschichte korrekt zu zeigen und daraus die Schlußfolgerungen zu ziehen. Prominente DGB-Führer versuchen, jene „Interpretierung" durchzusetzen, nicht der gemeinsame Widerstand von Gewerkschaftern sozialdemokratischer, kommunistischer und christlicher Richtung sei die Wurzel der Einheitsgewerkschaft, sondern eben jener kapitulantenhafte Versuch, der „freiwilligen Gleichschaltung und limitierten Unterwerfung" (so Beier selbst auf Seite 41) unter einem Nazi-Reichskommissar, den man von Hitler erbeten hatte!

Zitieren wir noch einmal Beier: „Wenn uns schließlich die letzte Entwürdigung des ADGB-Vorstands, seine Transformation in einen ‚Klub der Märzgefallenen' (Anspielung auf die im März 1933 zu den Nazis Überlaufenden. E. C.) erspart geblieben ist, dann lag das an der ungebrochenen Treue der Kollegen in den Betrieben und an der härteren Haltung einzelner Gewerkschaften, wie des deutschen Metallarbeiter-Verbandes" (ebenda S. 71)

Die Führer des ADGB hatten grundsätzlich jedes Angebot der kommunistischen Kollegen in KPD und RGO zum gemeinsamen Handeln gegen die faschistische Bedrohung abgelehnt; nun setzten sie sich mit Hitlers NSBO zusammen an einen Tisch und erbaten anschließend einen Nazi-Staatskommissar, unter dem sie im Rahmen der faschistischen Diktatur weiterzuarbeiten gedachten, „nach dem Vorbild des italienischen Faschismus", wie Beier erläutert (S. 30). So hat es auch Hoegner aus eigenem Erleben geschildert.

Daraus die Entstehung der Einheitsgewerkschaft ableiten zu wollen, heißt die Tatsachen auf den Kopf stellen. Eine solche „Einheitsgewerkschaft" wäre zusammen mit den Nazis, ja unter ihrer Führung entstanden, unter Ausschluß der Kollegen des linken Flügels.

Nein, die Einheitsgewerkschaft entstand im Widerstand, und das ist von jedermann überprüfbar, trotz aller anderslautenden Zweckbehauptungen. Ihre ersten Organisationen bildeten sich, unter dem Eindruck der Katastrophe des ADGB, im Saargebiet, das bis 1935, noch unter Völkerbundsverwaltung stehend, dem Terror des Faschismus entzogen war. Es war die „Treue der Kollegen in den Betrieben", die dort offen und öffentlich das herbeiführte, was die ADGB-Führung nicht getan hatte: es setzten sich die Führer der alten, sozialdemokratisch orientierten Gewerkschaften mit den RGO-Führern zusammen, um die Einheitsgewerkschaft zu schaffen – nicht unter einem Nazi-Kommissar, sondern gegen die Nazis:

Am 21. November 1934 schlossen sich auf der Delegiertenkonferenz in Saarbrücken der Bau- und Holzarbeiter-Verband (SP) und der „Einheitsverband für das Baugewerbe" (RGO) zusammen. Fünf Vertreter des alten Verbands und drei Vertreter der bisherigen RGO bildeten gemeinsam den neuen Vorstand.

Kurz darauf folgten die beiden Eisenbahner-Verbände.

Am 16. Dezember 1934 folgten die beiden Verbände der Bergarbeiter des Saargebiets. (Luitwin Bies, Klassenkampf an der Saar, Ffm 1978, S. 125)

Wie stark diese Beispiele darauf hinwirkten, das Ziel einer echten Einheitsgewerkschaft zur Wirklichkeit werden zu lassen, dafür spricht, daß aufgrund dieser Entwicklung der Sekretär des Christlichen Metallarbeiterverbandes an der Saar, Otto Pick, öffentlich erklärte, „daß ein Raum für christliche Gewerkschaften nicht mehr vorhanden sei. Der Sturz Hitlers könne nur durch eine einige, geschlossene deutsche Arbeiterbewegung im In- und Ausland erreicht werden."

Adolph Kummernuß, langjähriger Vorsitzender der Gewerkschaft ÖTV der Bundesrepublik, schildert aus seinem Erleben den Beginn der illegalen Gewerkschaftsarbeit und ihre Bedeutung für die Bildung der Einheitsgewerkschaft:

> „Wir lagen wochenlang im Hamburger Gewerkschaftshaus, besonders nachts, in Alarmbereitschaft. Wir hatten auch Waffen. Dann kam Jonny Ehrenteit von einer Sitzung in Berlin zurück. Der Vorstand des ADGB und befreundete Organisationen hatten getagt und empfahlen: ‚Keinen Widerstand – alles zwecklos!' In der Stunde begann für mich die illegale Arbeit ... Es wäre noch zu sagen, daß der Aufbau der Einheitsgewerkschaften nach 1945 sehr viel mit den Erfahrungen des Widerstands zu tun hat. Die Einheitsgewerkschaft ohne Bindung an eine politische Partei – dieser Gedanke ist in den faschistischen Konzentrationslagern und Gefängnissen geboren worden." (In: U. Hochmuth, Streiflichter aus dem Hamburger Widerstand, Ffm 1980, S. 98 ff)

Wie an der Saar, wo es eine Zeitlang noch legal möglich war, so entstanden im Reichsgebiet aufgrund der bitteren Erfahrung illegal die Keimzellen der Einheitsgewerkschaft:

In Betrieben des Ruhrgebiets entstanden 1934 neue Gruppen der freien Gewerkschaften, mit je etwa 15 bis 25 Mitgliedern; an ihrer Spitze standen Einheitsleitungen aus Sozialdemokraten, Kommunisten und christlichen Arbeitern. Sie gaben u.a. eine Zeitung für die Metall- und eine andere für die Textilarbeiter heraus. (Geschichte d. dt. Arbeiterbewegung, Berlin 1966, Bd. 5, Seite 90)

Die illegalen Bezirksleitungen der SPD und der KPD Hessen-Frankfurt bzw. Hessen-Nassau gaben am 5. September 1934 einen gemeinsamen Aufruf heraus, der die „erste und wichtigste Aufgabe unserer Aktionseinheit in dem Wiederaufbau der freien Gewerkschaften auf der Grundlage des proletarischen Klassenkampfes“ sieht. Es heißt darum weiter: „Wir fordern Euch Sozialdemokraten und Kommunisten auf, unverzüglich in allen Betrieben gemeinsam illegale Gewerkschaftskomitees aus den erfahrensten und zuverlässigsten Kollegen und Kolleginnen zu bilden.“ (ebenda, S. 466)

Im Jahre 1935 verhaftete die Gestapo im Wuppertaler Raum nicht weniger als 1100 Personen, Sozialdemokraten, Kommunisten, christliche und freie Gewerkschafter, weil sie den Neuaufbau einer einheitlichen Gewerkschaft begonnen hatten. 27 der Verhafteten wurden während der „Voruntersuchung“ ermordet – gegen 628 wurde anschließend einer der größten Massenprozesse geführt.

In der Emigration rechnete das Zentralkomitee der KPD mit ultralinken Fehlern der Vergangenheit ab und schloß deren Vertreter, wie H. Schubert und F. Schulte aus dem ZK aus. Beim Parteivorstand der SPD setzte sich dagegen der Einheits-feindliche Flügel durch; die PV-Mitglieder Aufhäuser und Böchel, die für die Einheit aufgetreten waren, wurden aus dem PV ausgeschlossen.

*

In der „Höhle des Löwen“, im KZ Buchenwald, entstand noch vor der Selbstbefreiung ein Volksfrontkomitee, das in seinem berühmt gewordenen Manifest als Punkt 10 aufführt: „Bildung von antinazistischen Einheitsgewerkschaften“. („Buchenwald“, Frankfurt/M. 1961, S. 58)

Ergreifend, was der 1944 zur Hinrichtung geführte antifaschistische Arbeiterfunktionär Anton Saefkow noch in seinem Politischen Testament als Appell hinterließ:

> „Duldet nur eine Gewerkschaftsbewegung! Schafft einheitliche Klassengewerkschaften . . . Alle Hindernisse müssen niedergerissen werden . . . Aufbau von Industrieverbänden! Prinzip: Ein Betrieb- ein Verband!“ (Dokumente zur dt. Geschichte, 1942–45, Frankfurt/M. 1977, Seite 88)

Dies alles übersehen oder gar leugnen zu wollen, hieße, die Wiederholung der Tragödie von 1933 im Voraus wieder zu programmieren! Nicht jene „Verhandlungen" von 1933 sondern die Erfahrungen des gemeinsamen Widerstandes, die Gedanken, die „in den faschistischen Gefängnissen und Konzentrationslagern geboren" wurden (Kummernuß), der Wille der „Kollegen in den Betrieben" waren maßgebend für den Neuanfang 1945. So heißt es im Gründungs-Status des DGB von 1949 als Aufgabenstellung:

> „Bekämpfung von nationalistischen und militärischen Einflüssen."

Und Hans Böckler, zum Vorsitzenden der Einheitsgewerkschaft, des DGB, gewählt, gab die Losung aus:

> „Ein zweites 1933 darf und wird es nie mehr geben!"

Die Folgen der Kapitulation

Angesichts der Aufrichtung der faschistischen Diktatur verschwand fast mit einem Schlag der vierzehn Jahre lang immer wieder betonte angebliche Gegensatz von „verfassungstreuen" Parteien und „Staatsfeinden". Der Unterschied, der jetzt sichtbar wurde, war der zwischen Kapitulanten und Überläufern auf der einen Seite und Widerstandskämpfern auf der anderen.

Die bürgerlichen Parteien lösten sich auf, ihre Führer und Abgeordneten wetteiferten darum, in die Hitlerpartei und deren Terrorapparat aufgenommen zu werden.

Im März 1933 gaben die katholischen Bischöfe einen Erlaß heraus, der nach Brünings Worten „einen plötzlichen Frontwechsel" gegenüber der NSDAP bedeutete:

> „Die große Masse der einfachen Wähler mußte jetzt zu der Überzeugung kommen, daß eine Regierung, die so von den Bischöfen behandelt wurde, die Sympathie des Apostolischen Stuhles habe... Wer den Kampf aufnahm, mußte unter den damaligen Umständen aus der Partei (Zentrumspartei: E. C.) ausscheiden und hätte noch den Makel auf sich genommen, kein guter Katholik zu sein." (Brüning, Seite 664)

Die Auflösung der bürgerlichen Parteien ging unentwegt weiter:

> „Nun wurde die Bayerische Volkspartei erledigt. Sämtliche Mitglieder der Landtags- und Reichstagsfraktion – bis auf zwei – wurden verhaftet, zum Teil ins Konzentrationslager gebracht. Die Partei löste sich über den Kopf der verhafteten Führer von selbst auf." (a.a.O., Seite 673)

In der Zentrumspartei war es ähnlich:

> „Dr. Grass erklärte mir, daß, wenn ich die Partei nicht auflösen würde, er und eine Reihe anderer Mitglieder der preußischen Landtagsfraktion als Hospitanten zur NSDAP übertreten würden. Hackelsberger, der einer meiner Stellvertreter war, kam schon mit einem fertigen Entwurf eines Auflösungsbeschlusses und eines Aufrufs an die Wähler zu mir... Bereits 14 Mitglieder der Reichstagsfraktion waren ausgetreten... Die Verhaftung von Dessauer und der Abschluß des Konkordats hatten jede Widerstandskraft vernichtet. Ich erklärte mich schließlich bereit, die Konsequenzen aus der Lage zu ziehen und die Partei aufzulösen... Ich mußte daran denken, daß Kaas auf die telefonische Bitte von Joos, den Abschluß des Konkordats und damit die Auflösung des Zentrums aufzuhalten, scherzend gesagt hatte: ‚Habt ihr euch noch nicht aufgelöst? Macht doch schnell!'" (ebenda)

Obwohl das Ermächtigungsgesetz nur unter Verfassungsbruch zustande gekommen und daher nach allen Grundsätzen von Recht und Demokratie ungültig war, warf kein Richter oder Staatsanwalt, kein Ministerialbeamter, Polizeipräsident oder General dem faschistischen Usurpator den Bettel vor die Füße. Gegen einen Teil der Beamtenschaft (Juden, Sozialdemokraten usw.) verhängte Hitler unter dem Begriff „Wiederherstellung des Berufsbeamtentums" Berufsverbot – die anderen gliederten sich in den Repressionsapparat der faschistischen Diktatur ein und erfüllten seine Mordbefehle nach dem Prinzip: „Des Führers Wille ist oberstes Gesetz". 1945 – soweit sie den Krieg überlebten – tauchten sie als „Demokraten" und „staatserhaltende Persönlichkeiten" wieder auf...

Der Oberbürgermeister der Stadt Düsseldorf, Dr. Robert Lehr, erließ folgende Anweisung:

> „Bei notwendigen Anschaffungen für städtische Ämter, Dienststellen und Betriebe, sind die Warenhäuser und jüdischen Geschäfte nicht zu berücksichtigen. Etwa bestehende Verträge mit Warenhäusern, jüdischen Geschäften oder Unternehmen sind mit sofortiger Wirkung zu kündigen. Auch sind alle Aufträge betreffend Prozeßführung an jüdische Rechtsanwälte mit sofortiger Wirkung rückgängig zu machen." (Amtsblatt der Stadt Düsseldorf, Nr. 14 vom 31. März 1933)

Dr. Lehr wurde unter Adenauer Innenminister der Bundesrepublik Deutschland.

Der Sprecher der Bayerischen Volkspartei im Reichstag, Ritter von Lex, beschimpfte anläßlich der Zustimmung zum Ermächtigungsgesetz die Entstehung der Weimarer Republik als „schmachvolle Revolution von 1918". Er rühmte, daß seine Partei, parallel zur SA, einen „eigenen vaterländischen Heeresverband" aufgestellt habe und schloß mit den Worten:

> „Es ist selbstverständlich, daß eine Partei, die von einer solchen Einstellung beseelt war und beseelt ist, auch in der geschichtlichen Wende dieser Tage zur tatkräftigen Mitarbeit am nationalen Aufbauwerk entschieden bereit ist." (Protokoll des Deutschen Reichstages, 23. März 1933, Seite 37/38)

Ritter von Lex wurde knapp 20 Jahre später Vertreter der Regierung Adenauer im Verbotsprozeß gegen die Kommunistische Partei Deutschlands.

Als nach dem Verbot der Sozialdemokratischen Partei deren Abgeordnetenmandate kassiert wurden, wie zuvor die der KPD, ließ Hitler auch die Mandate der Staatspartei für ungültig erklären, die in einer Listenverbindung mit der SPD zur Reichstagswahl angetreten war. Daraufhin wandten sich die Abgeordneten der Staatspartei, Theodor Heuss und Ernst Lemmer, an Hitlers Innenminister Frick, und wünschten, ebenso behandelt zu werden,

> „wie das bei den übrigen Gruppen, die seinerzeit für das Ermächtigungsgesetz gestimmt hatten und jetzt als Fraktionslose oder Hospitanten der NSDAP in der Volksvertretung sitzen, geschehen ist." (Kühnl, Der deutsche Faschismus in Quellen und Dokumenten, Köln 1975, Seite 230)

Mit einem letzten Fußtritt gegen ihren Verbündeten erklärten Heuss und Lemmer, die Kassierung der SPD-Mandate sei verursacht durch

> „illegale Vorgänge bei der Sozialdemokratischen Partei Hamburgs. Wir empfinden es als ein menschliches und sachliches Unrecht, daß von einer Aktion, die aus diesen Anlässen beschlossen wurde, auch die parlamentarischen Mitglieder der staatsparteilichen Gruppe getroffen werden sollen, die personell und ideell diesen Dingen so fernstehen, wie das Mitglied irgendeiner anderen Partei." (ebenda)

Theodor Heuss wurde der erste Bundespräsident der Bundesrepublik Deutschland. Ernst Lemmer wurde Bundesminister der Adenauer-Regierung.

Für die Sozialdemokraten brach eine Welt zusammen:

> „Niemand schützte uns. Kein Beamter hatte den Mut mehr, sich gegen Göring und seine gewalttätigen Scharen auf die Gesetze zu berufen. Keiner weigerte sich, dem Unrecht zu dienen. Keiner schämte sich, das Verbrechen zu übersehen. Keiner warf, empört über den Mißbrauch, den man mit Recht und Gesetz trieb, den neuen Gewalthabern sein Amt vor die Füße. Furcht und Feigheit beherrschten das Feld." (Hoegner, Seite 63)

„Es ging uns nicht ein, daß eine deutsche Staatsgewalt die rohen Mißhandlungen wehrloser Menschen, die Befriedigung aller grausamen und sadistischen Triebe vertierter Kerle an unschuldigen Opfern zuließ, ja zu begünstigen schien... Höchstens, daß man zuweilen in seinem Hirn die Frage wälzte, warum anständige Leute, wie ehrengeachtete Deutschnationale oder Offiziere der Reichswehr, diese Schändung einer ganzen Nation gelassen hinnahmen und mit ihren Begriffen von Rechtlichkeit und Ehre vereinbaren konnten." (ebenda, Seite 114)

Der politischen Kapitulation vor Hitler folgte eine Demoralisierung, über die Hoegner wie Buchwitz erschreckende Einzelheiten berichten:

„Am Tage der Reichstagswahl, am 5. März 1933, befand ich mich schon die ganze Nacht vorher im Parteisekretariat. Wir mußten das Volkshaus bewachen, da die Nazis die Besetzung angekündigt hatten. Früh um acht Uhr kommen Genossen zu mir und fragen erschreckt, ob es wahr sei, der Rundfunk habe soeben gemeldet, daß der Ministerpäsident Otto Braun die Grenze nach der Schweiz überschritten habe. Ich lasse Schriftplakate anschlagen, daß dies erlogen sei. Die Polizei läßt die Plakate entfernen, weil Brauns Flucht stimme. Ich melde ein Telefonat mit dem Parteivorstand in Berlin an... Um zehn Uhr erreiche ich den Genossen Westphal. Erschrocken frage ich: Was ist mit Braun, ist er wirklich geflüchtet? Westphal bestätigt die Flucht." (Buchwitz, Seite 148)

Über die Vorgeschichte der Sitzung des Parteiausschusses vom 14. März 1933 berichtet Hoegner:

„Die Berliner Parteifunktionäre hatten die Mitglieder des Parteivorstandes, die zum Teil schon ins Ausland geflüchtet waren, zum Erscheinen aufgefordert. Sie glaubten wohl, daß die größte Gefahr vorüber sei. Manche mochten auch der Meinung sein, der ‚Bonze', der in guten Zeiten die Ehre habe, an erster Stelle zu stehen, müsse auch beim Marsch ins Konzentrationslager an der Spitze sein." (Hoegner, Seite 96)

Der bayerische Parteivorsitzende Auer

„erklärte kalt, in einem solchen Fall müsse jeder für sich selbst sorgen und schauen, wie er am besten durchkomme. Das traf mich wie ein Schlag. Ich war bis jetzt der Meinung gewesen, daß wir gerade in der Stunde der Gefahr zusammenstehen und die notwendigen letzten Maßnahmen in gemeinsamer Beratung festlegen müßten." (ebenda, Seite 224)

Nicht alle ließen sich demoralisieren. Vor allem die sozialdemokratischen Frauen werden von den Zeugen aus jener Zeit für ihren Mut gerühmt. Als die Reichstagssitzung vom 5. März 1933 angesetzt war, in der über das Ermächtigungsgesetz für Hitler beschlossen werden sollte, schlug der

Reichsbanner-Vorsitzende Höltermann vor, gar nicht zu der Sitzung zu gehen.

> „Es kam zu peinlichen Szenen. Unsere hochverehrte Genossin Bohm-Schuch, eine einfache Proletarierfrau, war nicht wiederzuerkennen. Mit funkelnden Augen und erhobenen Fäusten trat sie vor Höltermann und schrie ihm ins Gesicht: ‚Wenn die deutschen Arbeiterfrauen wüßten, was Sie uns hier vorgeschlagen haben, so würden sie ausspucken vor Ihnen'. Man mußte sie wegführen. Sie weinte vor zorniger Scham" (Hoegner, Seite 130)

> „In der Pause kam die Genossin Toni Pfülf – eine tapfere Frau – zu mir und meinte, ob denn dies noch Männer seien, die hier versammelt wären? Einige Wochen später vergiftete sich die Genossin Pfülf aus Verzweiflung über die Tragödie der deutschen Arbeiterbewegung." (Buchwitz, Seite 151)

Eine neue Zuspitzung der Auseinandersetzung gab es im Mai. Vizekanzler Papen hatte in einer Stahlhelm-Versammlung eine kriegshetzerische Rede gehalten. Brüning gibt an, er habe erfahren, daß MacDonald und Roosevelt, die Regierungschefs Englands und der USA, daraufhin vereinbarten, nichts dagegen zu unternehmen, falls Polen und Frankreich deshalb in Deutschland einmarschieren würden. Um dem vorzubeugen, beschloß Hitler ein Manöver: Er berief den Reichstag ein, um am 17. Mai 1933 eine „Friedensrede" zu halten, die das Ausland täuschen sollte. So wie Brüning im Oktober 1930 mit Hitler besprochen hatte, dieser solle ihm helfen, die Welt zu täuschen, so half er nun Hitler. Er ging zu ihm:

> „Wir sprachen seine Rede durch. An sich war sie schon verhältnismäßig gut... Auch würde ich mich bemühen, die Zustimmung der SPD dafür zu bekommen. Nur ein einmütiger Beschluß des Reichstages könne die schlechte Wirkung der Rede Papens überwinden. Hitler sah das ein und nahm eine Formulierung des Antrages, die ich vorschlug, an. Ich konnte die SPD davon überzeugen, daß sie im Interesse des Ganzen dieser Formulierung ebenfalls debattenlos zustimmen mußte. Das war eine Art heroische Selbstüberwindung bei der SPD und beim Zentrum, während ihre Mitglieder schon zum Teil im Konzentrationslager schmachteten." (a.a.O., Seite 669f.)

Über das Weitere berichtet Hoegner: Die Reichsfraktion der SPD war bereit, in die Sitzung zu gehen. Sie versammelte sich am 16. Mai in Berlin zur Beratung. Da erschien, „zu unserer größten Überraschung" als Vertreter des bereits ins Ausland emigrierten Parteivorstandes der frühere „Vorwärts"-Chefredakteur Friedrich Stampfer, und forderte die Abgeordneten auf:

> „Wir sollten der Reichstagssitzung fernbleiben und diesen Schritt in der Öffentlichkeit mit der Mißhandlung unserer Anhänger in den Konzentrationslagern begründen... Als Stampfer merkte, daß die über-

große Mehrheit der Fraktion sich den Wünschen des Parteivorstandes nicht beugen wollte, wurde er ärgerlich und immer hämischer im Ton. Zuletzt verstieg er sich sogar zu der verächtlichen Bemerkung, wir sollten uns doch nicht von der Rücksicht auf die Aufwandsentschädigung der Abgeordneten leiten lassen, die würde uns von den Nazis ohnehin bald entzogen. Diese Worte riefen einen Entrüstungssturm hervor. Wir sprangen auf, schrieen alle durcheinander, und einige machten Miene, auf Stampfer loszugehen und ihn mit der flachen Hand zu züchtigen. So schätzte uns also der Parteivorstand ein. Das war zuviel." (Hoegner, Seite 194f.)

Die Flucht der Führer, so meint Hoegner, habe die Gegensätze verschärft:

„Die besseren Herrschaften hatten sich nach Verabredung in Sicherheit gebracht. Wir Parteimitglieder minderen Rechts waren als Fraß für die Konzentrationslager gerade gut genug. (Hoegner, Seite 193)

Auch Buchwitz beschreibt Auseinandersetzungen, die auf diesen Gegensatz zurückzuführen seien. So habe Johannes Stelling, der in der Köpenicker Blutwoche von der SA umgebracht wurde, ihm kurz vorher geklagt, daß man ihn im Stich gelassen habe.

Am 16. Mai, nach jener Fraktionssitzung, von der Hoegner berichtet, und die zur Zustimmung der SPD-Abgeordneten zu Hitlers außenpolitischer Erklärung führte, so berichtet Buchwitz weiter, sei er sehr überrascht gewesen zu erleben, daß die PV-Mitglieder Vogel und Stampfer unmittelbar nach ihrem Auftreten in der Fraktion

„die Flucht ins Saargebiet antraten und die Fraktion ihrem Schicksal überließen. Die Mitglieder des Parteivorstandes konnten die Grenzen mit Pässen überschreiten, die Göring selbst unterzeichnet hatte. Dies trug sich folgendermaßen zu:

Als gleich nach Hitlers Machtantritt die scheußlichen Mißhandlungen und Morde an Marxisten und Juden begannen, schlugen die Auslandspressen der Bruderparteien und ein Teil der demokratischen bürgerlichen Presse Alarm und versuchten das Weltgewissen zu wecken. Hitler, Göring, Goebbels und die gesamte Nazipresse schäumten vor Wut. Göring schob der SPD die Schuld zu und verbot die gesamte SPD-Presse. Im Parteivorstand hatte man die Illusion, daß Wiedererscheinen der Presse und die Einschränkung des Terrors durch Verhandlungen zu erreichen. Bei einer solchen Verhandlung wurde zur Bedingung gemacht, auf die Presse der Bruderparteien einzuwirken, mit der Veröffentlichung der Nazi-Schandtaten aufzuhören. Der Parteivorstand ging darauf ein; Göring stellte die Bedingung, daß unsere Genossen persönlich die Verhandlungen mit den sozialistischen Parteien im Ausland aufnehmen müßten. Dies geschah, und für diese Zwecke wurden von Göring die Pässe ausgestellt" (Buchwitz, Seite 155/156)

Dann kam die Reichstagssitzung. Hitler trug seine „gemässigte" außenpolitische Forderung auf „Gleichberechtigung" vor, um das Ausland irrezuführen. Dazu Hoegner:

> „Unsere Nachbarn zur Rechten, die katholischen Parteien, blickten vor Erwartung auf uns. Wir erhoben uns mit ihnen und stimmten der Erklärung des deutschen Reichstages zu.
>
> Da brach ein Beifallssturm der anderen Abgeordneten los. Selbst unser unversöhnlichster Gegner, Adolf Hitler, schien einen Augenblick bewegt. Er erhob sich und klatschte uns Beifall zu. Der Reichstagspräsident Göring aber stand auf und sprach großartig die Worte: ‚Das deutsche Volk ist immer einig, wenn es sein Schicksal gilt'. Er befahl mit lauter Stimme, die Tatsache der einstimmigen Annahme der Erklärung des deutschen Reichstages in die Niederschrift über die Sitzung aufzunehmen.
>
> Dann fingen die deutschnationalen Abgeordneten das Deutschland-Lied zu singen an. Die meisten in unseren Reihen sangen mit. Manchen liefen die Tränen über die Wangen. Es war, als hätte uns Sozialdemokraten, die man immer als die verloren Söhne des Vaterlandes beschimpfte, einen unsterblichen Augenblick lang die gemeinsame Mutter Deutschland ans Herz gedrückt. (...) Der Traum von Volksgemeinschaft und großer Versöhnung aller Deutschen währte nur einen Augenblick. Kein einziger Anhänger wurde aus den Marterhöhlen der Konzentrationslager entlassen" (Hoegner, Seite 203f.)

Aber der Tiefpunkt war noch nicht erreicht. Zum 19. Juni 1933 berief der frühere Reichstagspräsident Paul Löbe eine Sitzung der noch nicht verhafteten oder emigrierten Vorstandsmitglieder der SPD ein, und ließ einen „judenreinen Parteivorstand" wählen, immer noch in der Hoffnung, damit Gnade vor den Augen der Faschisten zu finden. Es nützte nichts – am 22. Juni wurde die SPD verboten, ihre Abgeordneten aus den Parlamenten vertrieben, das Vermögen beschlagnahmt, 3000 Parteifunktionäre in die Gefängnisse und Konzentrationslager geworfen.

Auch das war für manche noch kein Anlaß, sich zu korrigieren, Carl Severing forderte noch Ende 1934, im Gegensatz zur Haltung seiner eigenen Parteifreunde im Saargebiet, die Saarbevölkerung, die seit 1919 unter Verwaltung des Völkerbundes lebte, auf, sich für Hitler-Deutschland zu entscheiden. In einem Interview mit der von Goebbels kontrollierten „Kölnischen Zeitung" erklärte er, wie er selbst 1950 berichtete:

> „Ich wünsche aufs dringendste nach wie vor, daß der Tag der Abstimmung eine imposante Mehrheit für die Rückgliederung des Saargebiets an Deutschland ergeben möchte. Meine Haltung in der Saarfrage war ja doch nie ein Merkmal meiner parteipolitischen Einstellung, sondern der selbstverständliche Ausdruck meines nationalen Empfindens und Wollens, das durch einen Regimewechsel nicht berührt wird." (Severing, Mein Leben, Köln 1950, Bd. II, Seite 409)

Der Arbeiter-Widerstand

Die Reichstagswahl vom 5. März 1933 hatte Sozialdemokraten und Kommunisten zusammen mehr als 12 Millionen Stimmen gebracht. Trotz Massenterror, Verhaftungen, Mordtaten, Presseverbot und einer unerhörten Lügenkampagne, die der Reichstagsbrand-Provokation gefolgt war, wählte die deutsche Linke 120 Sozialdemokraten und 81 Kommunisten in den Reichstag. Hitlers Hoffnung auf die Zweidrittelmehrheit war damit zerschlagen. Nur durch Verfassungsbruch, durch Annullierung der kommunistischen Mandate, konnte er eine Reichstagszusammensetzung manipulieren, die den Vorwand lieferte, die angeblich „legale" Verabschiedung des Ermächtigungsgesetzes zu behaupten.

„Die Organisationen der freien Deutschen Arbeiterbewegung standen noch aufrecht da. Die sozialistische Überzeugung war noch tief in Millionen Herzen verwurzelt... Unter einer entschlossenen Führung wären wir unüberwindlich gewesen", schrieb Hoegner unter dem Eindruck dieses Wahlergebnisses. Aber es gab keine entschlossene Führung der Gewerkschaften oder der sozialdemokratischen Partei. Im Gegenteil, sie sahen ihre Aufgabe darin, jede Aktivität abzublocken.

> „Sicher sei, daß die Arbeiter nur unseren Parolen folgen würden und nicht denen der Kommunisten, was ja bisher auch bewiesen wurde." (Stellvertretender SPD-Vorsitzender Vogel, am 5. Februar 1933, Akten SPD-PV, Seite 162.)

> „Was sich bis jetzt politisch ereignet habe, sei immer noch keine Veranlassung zum Losschlagen." (Graßmann, ebenda, Seite 164)

Währenddessen wurde die Arbeiterschaft vertröstet. Von der Parteiausschußsitzung am 5. Februar 1933 berichtet Buchwitz:

> „Nach einer ziellosen Diskussion stellte ich an Peter Graßmann, den stellvertretenden Vorsitzenden des ADGB, die Frage: ‚Was gedenken denn nun die Gewerkschaften zu tun, wollt Ihr das alles so hinnehmen?' Graßmann antwortete: ‚Wir haben alles vorbereitet und sind nicht gewillt, die Errungenschaften eines halben Jahrhunderts preiszugeben'. Alsdann wandte ich mich an den Parteivorsitzenden Wels mit der gleichen Frage. Otto Wels antwortete: ‚Wir haben die ganze Nacht mit den Genossen vom Reichsbanner und der Eisernen Front beraten, es ist alles zum Handeln vorbereitet.' Mit dieser Zusicherung fuhren damals viele von uns heim und organisierten den zu erwartenden Widerstand. Nichts erfolgte. Aber dann holte die braune Mordbande unsere Funktionäre einzeln..." (Buchwitz, Seite 146)

Die KPD rief zum Generalstreik auf und machte der SPD und dem ADGB – vergeblich – das Angebot zur gemeinsamen Aktion. Aber die kommunistischen Arbeiter waren schon lange aus den Betrieben „hinausgesäubert" worden, die Gewerkschaftsführung stellte sie ihrer Mitgliedschaft als Störenfriede und Staatsfeinde hin.

> „Die unglückselige Spaltung der Arbeiterklasse hatte die Werbe- und Kampfkraft der sozialistischen Arbeiterbewegung gelähmt und schließlich zerstört. Der erheblichen zahlenmäßigen Stärke der Arbeiterbewegung entsprach keineswegs ihre tatsächliche Kampfkraft." (Buchwitz, Seite 147)

Um so höher ist der Massenwiderstand der deutschen Arbeiterschaft gegen den Faschismus zu werten. Er zeigte sich in den Massendemonstrationen und Streiks, die teilweise spontan während der Monate Februar, März, April 1933 in zahlreichen Städten und Betrieben Deutschlands aufflammten. Er zeigte sich in dem Wahlergebnis vom 5. März 1933. Und er zeigte sich vor allem in den Betrieben.

Im März 1933 sollten die Betriebsrätewahlen durchgeführt werden, die Brüning im Jahre 1932 aus Angst vor einem Linksruck der Arbeiterschaft hatte um ein Jahr verschieben lassen. Aber während bei den Reichstagswahlen im März die Nazipartei mit Terror, Lügenpropaganda und Zersetzung der bürgerlichen Parteien über 43 Prozent der Stimmen erhalten hatte, bekamen die Kandidaten der faschistischen NSBO im selben Monat bei den Betriebsratswahlen weniger als halb soviel, knapp 20 Prozent der Stimmen. Hitler ließ die Betriebsrätewahlen abbrechen, ließ bereits gewählte Betriebsräte verhaften oder aus ihrer Funktion entfernen. Seine Niederlage aber war nicht zu vertuschen.

Im nächsten Jahr, am 20. Januar 1934, erließ dann die Hitlerregierung – die Gewerkschaften waren längst zerschlagen und durch die „Arbeitsfront" ersetzt – das „Gesetz zur Ordnung der nationalen Arbeit". Anstelle der Betriebsräte, eine der letzten Errungenschaften, die sich die deutsche Arbeiterschaft 1918 in der Revolution erkämpft hatte, sollten nun nazistische „Vertrauensräte" gewählt werden. Aber auch jetzt, obwohl der faschistische Terror schon über ein Jahr gegen die Arbeiterschaft wütete und alles unterdrückte, ja ermordete, was antifaschistisch tätig war, erlitten die Nazis eine neue Niederlage. Nach den eigenen Angaben der „Arbeitsfront" blieben 60 Prozent der Arbeiter und Angestellten dieser Wahl überhaupt fern. Und von den übrigen, die zur Wahl gingen, wählten in der Mehrheit der Betriebe nur ungefähr 25 Prozent die Kandidaten der „Arbeitsfront".

Mammach berichtet:

> „In vielen Betrieben organisierten Kommunisten und Sozialdemokraten sowie Gewerkschafter und parteilose Arbeiter gemeinsam den Boykott der Wahl, die Abstimmung mit Nein oder die Streichung der Nazikandidaten. Insgesamt erhielten die Faschisten nur etwa 25 Prozent der Stimmen. In den Kruppwerken in Essen gaben 8000 Belegschaftsangehörige ungültige Stimmzettel ab. Bei der Essener Straßenbahn beteiligten sich nur 30 Prozent an der Wahl. In den Henkel-Wer-

ken Düsseldorf stimmten von 2800 Belegschaftsangehörigen lediglich rund 800 für die faschistischen Kandidaten. In den Betrieben des Kreises Beuthen/Land (Oberschlesien) blieben nach Feststellungen der Gestapo von 12 500 Werktätigen 2000 der Wahl fern, 4700 machten den Stimmschein ungültig, 1050 stimmten mit Nein. In Beuthen/Stadt standen gegen 9100 Ja-Stimmen 5900 Wähler, die mit Nein gestimmt oder ihren Stimmschein ungültig gemacht oder ihre Stimme gar nicht abgegeben hatten". (Klaus Mammach, Die KPD und die deutsche antifaschistische Widerstandsbewegung, Frankfurt 1974, Seite 82)

Noch einmal versuchen die Faschisten einen „Vertrauensbeweis" in den Betrieben zu erzwingen. Für den April 1935 werden erneut ihre Vertrauensrätewahlen angesetzt. Diesmal wird das Terrorsystem noch weiter verschärft. Durch die Kontrolle der Wahlbeteiligung wird es lebensgefährlich, der Wahl fernzubleiben. So beteiligen sich unter Zwang rund 90 Prozent der Arbeiter und Angestellten an dem Wahlgang.

Am 11. Februar 1935 schlug das Zentralkomitee der KPD dem Emigrationsvorstand der SPD in Prag vor, gemeinsam bei diesen Wahlen zu agieren. Der Parteivorstand der SPD lehnt ab. Dennoch kommt es in vielen Betrieben und in ganzen Bezirken des Hitlerreiches zu Vereinbarungen über gemeinsames Vorgehen von Kommunisten, Sozialdemokraten und Gewerkschaftern. In Ostsachsen und im Ruhrgebiet vereinbaren die illegalen Leitungen der KPD und der Sozialdemokraten, Nazikandidaten zu streichen und gemeinsam für Lohnerhöhungen und den Wiederaufbau freier Gewerkschaften zu kämpfen. (Chronik zur Geschichte der Deutschen Arbeiterbewegung, Berlin 1966, Seite 348)

Zehn Prozent der Arbeiter und Angestellten bleiben trotz aller Kontrollmaßnahmen dem Wahlvorgang fern. 17 Prozent der Beteiligten gaben Nein-Stimmen oder ungültige Stimmen ab. Trotz aller Terrormaßnahmen und Goebbels-Propaganda dokumentierten also mehr als 25 Prozent der Belegschaften auch noch nach zwei Jahren Hitler-Terror ihre Arbeiteropposition. Nach internen Angaben der Gestapo stimmte in 11,2 Prozent der Breslauer Betriebe, in 13,6 Prozent der Betriebe von Liegnitz und in 8,9 Prozent der Betriebe von Oppeln mehr als die Hälfte der Belegschaften mit Nein. (Mammach, Seite 82)

Im sogenannten „Oexle-Bericht" der Deutschen Arbeitsfront vom 24. April 1935 heißt es:

> „Es haben von 3125 Angestellten und Arbeitern ca. 2900 abgestimmt. Von diesen 2900 waren 1700 Stimmen ungültig, so daß nur 1200 gültige Stimmen herauskamen. Die 1200 gültigen Stimmen erscheinen nun in der Presse als 84,5 Prozent Ja-Stimmen. Damit wird das wahre Bild der Abstimmung verfälscht und wirkt in der ganzen Arbeiterschaft geradezu lächerlich." (Der antifaschistische deutsche Widerstand, Frankfurt 1965, Seite 75)

DIE VERTRAUENSMÄNNER,

die am 3. und 4. April „gewählt" werden sollen, sind nicht u n s e r e Vertrauensleute. Der „Herr Betriebsführer" stellt nur die Kandidaten auf, die ihm und dem Pg. Treuhänder passen! Deshalb müssen wir

STREICHEN!

Lasst Euch nicht übers Ohr hauen. Lasst Euch nicht durch falsche Parolen verwirren, ganz gleich, woher sie kommen. Auch wenn der „Herr Betriebsführer" einen guten Kollegen auf die Liste setzt, streicht die Liste durch. Selbst der beste Kollege kann im „Vertrauensrat" nichts durchsetzen. Er wird nur als Lockvogel missbraucht, damit möglichst viele „Ja-Stimmen" zusammenkommen. Jeder „Ja-Zettel" gilt als Zustimmung zu den niedrigen Löhnen, zur braunen Antreiberei, zu den steigenden Preisen, zum braunen Hunger und zum Giftgaskrieg.

Ihr sollt für „Erz" gegen „Fett" stimmen, für Giftgastod und Hungersnot. Die Autobonzen der D.A.F. möchten melden: die Betriebe wollen hungern, die Betriebe wollen Krieg! Deshalb sagt Nein!

STREICHT DIE GANZE LISTE DURCH!

Auf jeden Fall aber den Repräsentanten des Systems, den Mann der N. S. B. O. und den Walter der D. A. F.

Sie sollen wissen: wir wollen höhere Löhne, wir wollen Teuerungsausgleich. Wir wollen keine Vertrauensmänner der Unternehmer! Für dieses System der Entrechtung, der Unterdrückung und Ausbeutung nimmt keiner freiwillig die Knarre in die Hand! Wir wollen Freiheit, Frieden und Brot!

Gebt als Flüsterparole weiter, schreibt an die Mauern und Zäune, schreibt in die Waschräume und die Toiletten:

MISSTRAUENSWAHLEN! STREICHEN!!

Aus den Vertrauensmännerwahlen wurde eine Abfuhr für die Nazis: Illegaler Aufruf zu „Mißtrauenswahlen".

Illegale Arbeiterzeitungen informieren darüber, was in den Betrieben vor sich ging:

Aus einzelnen Betrieben berichteten die illegalen Zeitungen und Flugblätter:

	Belegschaft	Opposition
Elektrizitätswerk Zschornewitz	1200	41%
Daimler-Benz (Berlin, Auto- und Flugzeugbau)	1470	40%
AEG-Turbinenwerk (Berlin)	2013	28%
Kempinski (Groß-Restaurant, Berlin)	1369	30%
Deutscher Versicherungskonzern (Berlin)	360	41%
Ufa, Berlin	1951	33%
Scherl, Berlin	3505	27%
Germania-Verlag, Berlin		48%
Branntwein-Monopolverwaltung, Berlin		49%
Büssing NAG, Braunschweig	588	36%
Braunschweiger Blechwarenfabrik	3240	25%
MIAG, Braunschweig	743	37%
Voigtländer, Braunschweig	2879	42%
Menck u. Hambrock, Hamburg	950	30%
Donnerwerke, Eisenach	346	35%
Metallwerk, Eisenach	500	68%
Schott, Jena	2000	49%
Woolworth, Jena		50%
Papierfabrik, Porstendorf	200	über 50%
Oranienburger Chemische Fabrik, Berlin	100	40%
Druckerei Trebitsch, Frankfurt	335	29%
Henschel und Sohn, Kassel	5300	35%
Städtische Straßenbahn, Frankfurt		75%
Mönus AG, Frankfurt	599	25%
Friedrich-Wilhelm-Hütte, Troisdorf	2000	25%
Berninghaus, Köln	151	25%
Kühne & Nagel, Bremen	83	50%
Allianzkonzern, Berlin	4100	55%
Klöckner-Konzern	21000	41%
Hapag	5100	59%
Ullstein	8000	48%
Aschinger, Berlin	3500	60%
Demag, Duisburg	12000	51%
Deutsche Werft	8150	43%
Standard Oil	2200	54%
Hell und Stammer, Hamburg	2500	49%
Horchwerke, Zwickau	3800	33%
Erzgeb. Steinkohlen Akt. Verein	4435	61%

(ebenda, Seite 76/77)

Misstrauenswahlen !

Bevor wir das Ergebnis der sogenannten Vertrauensratswahlen (VRW) näher betrachten, wollen wir zunächst wieder einmal den wahren Wert nationalsozialistischer Berichterstattung zeigen. Am 8.4.34. schrieb der «Deutsche», die «Tageszeitung der Deutschen Arbeitsfront», über die VRW von 1934: «Von überall her wird das gleiche erfreuliche Bild gemeldet: Bei einer oft hundertprozentigen Wahlbeteiligung stimmen durchschnittlich 95 bis 98% der Belegschaft für die aufgestellten Listen. Die Wahlen zu den Vertrauensräten ergeben somit das Bild der Geschlossenheit aller schaffenden Deutschen.» Noch am 26.3.35. schrieb der «Völkische Beobachter» über die gleichen Wahlen: «Das Ergebnis der Wahl war damals eine überwältigende Mehrheit für die Listen der NSBO.» Zum 1.5.35. schrieb *Ley* in einem schwülstigen Aufruf: «Wer zurückdenkt an die Wahlen des Vorjahres, wo sich — aus Unkenntnis oder Misstrauen — ***kaum 40%*** (!) *an der Wahl beteiligten...*» Für die VRW von 1935 wird jetzt von *Ley* angegeben, dass «84,5% Ja-Stimmen» abgegeben worden seien, und zwar «im Durchschnitt der von allen Gauen und aus allen Betrieben Deutschlands abgegebenen Stimmen». Vielleicht sagt *Ley* im nächsten Jahr aus Propagandagründen die Wahrheit über die diesjährigen VRW !

Nach uns vorliegenden Meldungen war besonders in kleineren Betrieben häufig gar keine Wahlzelle oder etwas ähnliches vorhanden. Wer einen Bleistift überhaupt benutzte, kennzeichnete sich dadurch schon als Querulant. — Aber auch in Grossbetrieben hat man sich nicht gescheut, die Wahl dadurch zu einer öffentlichen, also zu einer gefährlichen Angelegenheit zu machen, dass man diejenigen, die an der Liste etwas ausstreichen wollten, nötigte, dies auf irgend eine Weise öffentlich zu zeigen. — Im Leunawerk wurde die Belegschaft betriebsweise aufgestellt und dann die Wahl gemeinsam öffentlich vollzogen. Bei *Menck u. Hambrock*, einem Hamburger Grossbetrieb, war es z. B. so, dass man den Kollegen, die schon vom Vorjahre her eine offene Wahl gewöhnt waren, wenigstens eine Schreibgelegenheit in einem Korridor, den sie passieren mussten, in Aussicht gestellt hatte. Aber es gab dann weder einen Tisch, noch einen Bleistift. Die Kollegen waren gezwungen, im Beisein der vielen Nazispione sich gegenseitig Bleistifte auszuleihen. Zum Teil wurden die Stimmscheine im Frühstücksraum während der Esspause ausgeteilt und in derselben Pause zurückgefordert. Beim *Hamburger Hafenkrankenhaus* waren die Umschläge der Stimmzettel numeriert. Erst nachdem dagegen Protest erhoben worden war, wurden sie unkenntlich gemacht. In einer grossen *Strassenbahn-Reparaturwerkstatt* musste die Belegschaft zur Wahl antreten und unter Aufsicht wählen. Beim *«Hamburger Anzeiger»* wurde durch Anschlag mitgeteilt, dass alle abgegebenen Stimmscheine als Ja-Stimmen gezählt würden; wer gegen die aufgestellte Liste sei, könne ja der Wahl fernbleiben. In der Kölner Schiffswerft *Berninghaus* ging die Wahl so vor sich, dass neben dem einen Pappkarton, hinter dem der Zettel in den Umschlag gesteckt werden sollte, der NSBO-Obmann stand und Wahlzettel verteilte. Neben dem zweiten Karton sass ein anderer bekannter Unternehmergünstling. Beide konnten also sehen, wenn jemand seinen Zettel durchstrich. — Ein Braunschweiger Betrieb versuchte sogar, die Abstimmenden durch die unverfrorene Drohung einzuschüchtern, bei einem schlechten Ausfall der Wahl würde die Lohnzahlung gesperrt werden !

Wir haben aus den uns vorliegenden Berichten nur eine kleine Auslese gebracht, der die meisten Kollegen aus eigener Erfahrung eine Unzahl weiterer Beispiele hinzufügen können. Die Bekanntgabe solcher Beispiele ist eine wichtige Arbeit im täglichen Kleinkampf der Antifaschisten.

*

Es hat an sich wenig Sinn, an den veröffentlichten Zahlen herumzudeuteln. Denn da niemand weiss, wie weit am Zustandekommen dieser Zahlen Schwindel und Terror beteiligt gewesen sind, lässt sich mit ihnen in Bezug auf das Vertrauen der Kollegen zu dem Naziregime wenig beweisen. Aber doch lassen sich manche Schlüsse aus ihnen ziehen. Wir bringen hier eine Reihe von Ergebnissen, die teils von der Arbeitsfront selber (unvorsichtigerweise vor der Göbbelsschen Zensur!), teils von unseren eigenen Berichterstattern mitgeteilt wurden (* = Opposition gegen NSBO-Obmann) :

Illegale antifaschistische Arbeiterzeitungen enthüllten die Nazipleiten bei den Vertrauensmännerwahlen (siehe auch S. 133).

Es waren die letzten Wahlen in den Betrieben während der Zeit des Hitlerreiches! Nie mehr wagten die Faschisten, die Arbeiterschaft am Arbeitsplatz zu einer Wahl zu rufen.

Während Generale und Wirtschaftsführer mit Hitler zusammen die Unterdrückung des deutschen Volkes und den Raubkrieg gegen ganz Europa durchführen, während Staatsanwälte, Richter und Polizeikommandeure, die den Eid auf die Weimarer Verfassung geleistet hatten, nun mit SS und Gestapo zusammen Freiheitskämpfer und Demokraten jagten und mordeten, gingen Zehntausende deutsche Arbeiter den Weg des Widerstandes, des Kampfes für Freiheit und Frieden, setzten Leben und Existenz dafür aufs Spiel. Unter ihnen der Hafenarbeiter Ernst Thälmann, Vorsitzender der Kommunistischen Partei Deutschlands; Friedrich Husemann, Vorsitzender des Bergarbeiterverbandes; Heinrich Schliestedt, Bevollmächtigter des Deutschen Metallarbeiterverbandes; Hans Funger, Funktionär des deutschen Eisenbahnerverbandes, die hier stellvertretend für ungezählte Märtyrer aus der Arbeiterschaft genannt seien.

Der Dichter Ernst Wiechert, selbst ein Widerstandskämpfer, der durch das Konzentrationslager gehen mußte, schrieb über diese deutschen Antifaschisten:

> „Unter ihnen gab es wenige vom Adel und nicht sehr viele aus den Reihen des reinen Geistes. Unter ihnen gab es viele aus den Bezirken der Kirchen, aber sie alle traten zurück hinter den langen Zügen, die aus den Hütten des armen Mannes bei Tag und Nacht ihren Todesweg antraten. Vieler Jahrzehnte Lasten, Hunger und Qual hat der deutsche Arbeiter getragen, Kriegs- und Friedenslasten, aber niemals hat er eine schwerere Last getragen, als in diesen zwölf Jahren. Niemals auch eine ehrenvollere, und keine Hand einer dunklen oder hellen Zukunft soll diesen unvergänglichen Glanz von seiner Stirn waschen". (Zitiert in „Der deutsche antifaschistische Widerstand" Frankfurt 1975, Seite 9)

Der Metallarbeiter

Organ des Aktions Ausschuss Gruppe Metall

Um den Wiederaufbau der deutschen Gewerkschaften

Gross ist die Unzufriedenheit der Arbeiter inden Betrieben. Mehr - sie wächst rasch. Immer mehr Arbeiter werden erfüllt vom Hass gegen das Nazi-Regime, das ihnen alle Rechte genommen hat, sie der Unternehmerwillkür ausliefert, die Preise für die lebensnotwendigen Nahrungsmittel und Massenbedarfsartikel fortgesetzt nach oben schraubt. Die Kampfwilligkeit der Arbeiter wird allgemeiner. Die Proteste, Widerstandsaktionen von Arbeitergruppen, die Verteidigung der Lohnbasis, der Kleinkampf gegendie Senkung des Reallohnes sind heute keine solche Einzelheiten mehr, um sie mit der Lupe suchen zu müssen. Der Kampf um den Lohn hat Massencharakter angenommen. Es sind noch nicht die Masseneiner ganzen Belegschaft, aberes sind Massen von lokal begrenzten, kleinen Arbeitergruppen. Die Zuchthausdrohung für die Teilnahme an Streiks seitens der Nazis bestätigt nur die Angst wie auch das Ausmass der Widerstände in den Betrieben. Alle Erfahrung zeigt uns, dass dort die Widerstände der Arbeiter gegen die Nazis und die Unternehmer am stärksten und erfolgreichsten durchgeführt werden, wo ein Kern klassenbewusster Arbeiter die allgemeinen Erfahrungen anwendet, die Kollegen laufend informiert und zweckentsprechende Losungen herausgibt, die von den Arbeitern aufgegriffenwerden und sich dafür einsetzen.

Wir haben wiederholt darauf hingewiesen, dassdie SPD es ablehnt, sich für die Schaffung illegaler Gewerkschaften einzusetzen und dassdie Führer der ehemaligen reformistischen Gewerkschaften keinen Finger rühren. Dort wartet man noch immer auf den Tag, an demihnen die Herren Generale die Arbeitsfront inihre Hände geben. Mögen die alten Bonzen warten. Die Arbeiter müssenaber das Warten mit niedrigen Löhnen undmit schlechten Arbeitsbedingungen bezahlen. Und deshalb vollzieht sich die Bildung von Gewerkschaftskadern in den Betrieben trotz alledem. Allerdings nicht leicht Es ist eine sehr schwere und beharrliche Arbeit notwendig.

Was die Arbeit noch schwieriger macht, das ist die Politik der KPD. In der Gewerkschaftsarbeit erlebenwir fortgesetzte Schwankungenund sich widersprechende Losungen und Anweisungen. Das Neueste ist, dass die KPD von der Bildung von Gewerkschaftskaders in den Betrieben abgeht und erklärt: "alle Arbeiter in die KPD, dann ist die Einheitsfront hergestellt" Wenn alle Arbeiterin der KPD sind, braucht man allerdings keine Einheitsfront mehr. Dann ist die Einheit der Arbeiterklasse hergestellt. Aber die KPD kann die Gewerkschaften nicht ersetzen. Die Gewerkschaft erfasst alle Arbeiter im Betrieb ohne Unterschied der Parteizugehörigkeit an der wirtschaftlichen Front des Klassenkampfes Nur so kann die Einheit im Betrieb zumKampf gegenden Unter

Der Widerstand wächst !

Die Wahlen zu den "Vertrauensräten" liegen hinter uns. Die gleichgeschaltete Presse meldet 83 % Ja Stimmen. Dabei passiert ihr das Malheur, nur etwas über 7 Mill. Abstimmungsberechtigte zu registrieren. Der Schwindel ist so dick aufgetragen, dass selbst Nazianhänger in den Betrieben das amtliche Siegesgeschrei belächeln. Uns liegen Resultate vor, die auch im einzelnen beweisen, dass der Propagandaapparat weiter nichts produziert, als lauter Bluff.

D.K.W.-Auto-Union Spandau:			
Beschäftigte	ca.	2 400	
Ungültige Stimmen	ca.	700	
Nein-Stimmen	ca	400	
Kreiselgeräte-Teltow:			
Beschäftigte	ca.	500	
Ungültige Stimmen	ca.	160	(1934
Nein-Stimmen	ca.	60	(9 (!!)
Siemens (S.A.M.) Marienfelde (früher "Gelap")			
Belegschaft	ca.	1 800	
Ja-Stimmen		1 150	
also ungült. bezw. Nein		650	
Görz-Zeiss-Ikon-Teltow:			
Beschäftigte	ca.	1 200	
Ungültige Stimmen	ca.	400	

Bei der Knorrbremse ist die Liste mit Mehrheit abgelehnt worden, jetzt hat ein Beauftragter des "Treuhänders" die abgelehnten Vertrauensräte eingesetzt.

Bei AEG, Telefunken und einerReihe anderer Grossbetriebe ist ein Teil der Kandidaten mit knapper Mehrheit gewählt worden, ein anderer Teil durchgefallen. In vielen Betrieben wurde das Wahlresultat gar nicht bekanntgegeben, sondern nur mitgeteilt, dass die Liste "mit Mehrheit" gewählt sei. Eine rühmliche Ausnahme im Sinne der Nazis macht nur die C. Lorenz-A.-G. Hier sind die richtigen Leute mit der Stimmenzählung betraut worden. Von 5 200 Abstimmenden gab es 380 ungültige Stimmen.

In der graphischen Industrie sind die Ergebnisse die gleichen:

Betrieb Scherl	ca. 1 800	Ja-Stimmen,
	ca. 1 600	ungültige Stimmen.

Bei der Berliner Zentrale der Commerz- und Privatbank sind von 2 500 Wahlberechtigten nur 2 100 gültige Stimmen abgegeben. Der Amtswalter der Arbeitsfront erhielt nur 293 Stimmen.

Bei der D.A.Z. beschränkte man sich auf die Erklärung" "Die Vorschläge seien mit Mehrheit angenommen."
Im Verlag der Germania sind nur 52 % der abgegebenen Stimmen auf die vorgeschlagene Liste entfallen.
Im Ullstein-Verlag wurde das Resultat nicht veröffentlicht.

Jedoch nicht nur in den Grossbetrieben, sondern auch in den Klein- und Mittelbetrieben erhielten die Nazis eine gründliche Abfuhr. Uns liegen Resultate vor, wo in Betrieben mit ca. 50 Mann Belegschaftsstärke die der NSBO angehörenden Kandidaten noch nicht ein Dutzend Stimmen auf sich vereinen konnten, auch waren Stimmenenthaltungen von 30 % die Regel.

Fazit

Die Tatsachen beweisen: Hitler kam nicht legal zur Macht. Nicht das Volk, sondern das Kapital machte ihn zum Kanzler. Nicht die Arbeiter sind zu Hitler übergelaufen.

Nicht „Kommunisten und Nazis gemeinsam" haben die Republik zerstört. Aber die Spaltung der Arbeiterschaft machte ihm den Weg frei. All das ist durch Dokumente und Zeugenaussagen belegt.

Warum aber wird es dennoch totgeschwiegen oder geleugnet?

Der Faschismus wurde nicht durch einen Putsch in Deutschland eingeführt – etwa gar gegen den Widerstand der bisher Regierenden. Im Gegenteil: von den Geheimverhandlungen Brünings mit Hitler, über die Aktivitäten von Industrie, Großbanken und Generalität, bis zur Ernennung des Faschistenführers zum Reichskanzler zieht sich der rote Faden der Gemeinsamkeit zwischen Staatsapparat, Großindustrie, Hochfinanz, Armee und faschistischem Gangstertum.

In Scharen liefen sie zur braunen Diktatur: die Herren von Großindustrie und Hochfinanz, die Generäle der Reichswehr, die Beamten der Verwaltung, die Richter und Staatsanwälte, die Lehrer und die Journalisten. Wie Tünche fiel alles ab, was aus diesen Kreisen bisher von „Verfassungstreue", „Rechtsstaatlichkeit", „demokratischer Gesinnung" geredet worden war. Es zeigte sich: höher als Verfassung und Volkswille standen die Interessen der Konzerne und der Wehrmacht.

Die SS-Verbände von heute (HIAG), die Wehrsportgruppen, die neonazistischen Organisationen der Bundesrepublik sind deshalb eine tödliche Gefahr, weil sie wieder „die Reserve für alle Fälle" darstellen.

Die Schaffung einer antifaschistischen Einheitsfront in Deutschland zu Anfang der dreißiger Jahre hätte das Schicksal unseres Landes und unseres Kontinents entscheidend verändert. Heute, da Minister, Richter und Staatsanwälte, die aus Hitlers Staatsapparat stammen, Antifaschisten mit Berufsverbot belegen können; heute, da in Politik, Industrie, Hochfinanz, Bundeswehr und Staatsapparat der Neonazismus mit großzügigem Wohlwollen behandelt wird, heute ist es doppelt notwendig, die Lehren aus der eigenen Vergangenheit zu ziehen, wie es Prof. Reinhard Kühnl auf den folgenden Seiten tut.

Reinhard Kühnl:

Damals und heute

Mit freundlicher Genehmigung des Autors geben wir im folgenden Ausführungen wieder, die Professor Dr. Kühnl anläßlich der Wiederkehr des 30. Januar vor Mitgliedern und Funktionären des Deutschen Gewerkschaftsbundes im Januar 1982 in Frankfurt am Main machte:

Welche Ursachen und Bedingungen haben das möglich gemacht? Das ist allein schon eine ganz vitale Frage. Stellen wir uns vor, daß ein ähnliches System vielleicht wieder die Macht in einem mitteleuropäischen Land ergreifen könnte und dann eine solche Rüstungs- und Militärpolitik eskaliert. Das würde bei kriegerischen Verwicklungen auf unserem Kontinent mit der atomaren Vernichtung, mit der atomaren Auslöschung des Lebens in Europa enden. Schon allein deshalb ist das eine Frage, bei der es möglicherweise um die Voraussetzung menschlicher Lebensbedingungen überhaupt geht.

Sehr viele Bedingungen und Komponenten haben dazu beigetragen, daß der Faschismus in Deutschland und in anderen Ländern möglich wurde. Wenn man aber nach den Hauptbedingungen fragt, könnte man sich auf drei beschränken. Die erste Frage wäre: Warum haben denn Industrie, Großbanken und Militär nach 1930 nachweislich den Beschluß gefaßt, die Demokratie müsse weg? Die zweite Frage wäre: Wie ist es denn möglich gewesen, daß diese Hitlerpartei Millionen von Anhängern gewinnen konnte? Und die dritte Frage: Wie ist es denn möglich geworden, daß diese starke Arbeiterbewegung schließlich nicht imstande war, den Faschismus aufzuhalten, daß sie sich zwar darum bemüht hat, daß sie dann aber schließlich in dieser historischen Situation eklatant versagt hat und besiegt worden ist mit all den Opfern, mit all den Folgen, auf die ich schon hingewiesen habe.

Zur ersten Frage: Wie stand es denn mit der Interessenlage und der Zielsetzung von Großindustrie, Großbanken und Militär? Da muß man freilich etwas allgemeiner zunächst einmal damit beginnen, daß schon seit dem Ende des 19. Jahrhunderts, wie mittlerweile jeder weiß, der Kapitalismus zum Imperialismus übergegangen war, d.h. dazu übergegangen war, andere Länder, andere Völker und andere Erdteile zu unterwerfen, in Afrika und Asien, um sich die Rohstoffe und die Arbeitskräfte dieser Länder anzueignen.

Das hängt mit dem Prinzip der freien Konkurrenz zusammen, das anders gewendet ja doch bedeutet: Auf dem Markt, im Konkurrenzkampf, setzt sich der Stärkere durch und der Schwächere bleibt auf der Strecke. Und wer zu den Stärkeren gehören will, muß sich rechtzeitig umtun. Er muß entsprechende Rohstoffe, entsprechende Arbeitskräfte und entsprechende Arbeitsbedingungen sicherstellen. In dem Maße, wie dieses Prinzip der freien Konkurrenz auf die internationalen Beziehungen übergreift, bedeutet das natürlich auch, daß die Staatsmacht eingeschaltet wird, um für die Privatwirtschaft die entsprechenden Bedingungen auch nach außen hin zu schaffen. Militarismus und Wettrüsten fangen in dieser Situation an und führen zu einer Expansion über Erdteile hinweg, auch zu militärischen Zusammenstößen. Sie gipfelten im ersten Weltkrieg.

Militärputsch verworfen

Wettrüsten hat seinem Ursprung nach also überhaupt nichts zu tun mit irgendeiner eingebildeten oder vielleicht auch realen kommunistischen Gefahr. Es gab nämlich überhaupt noch kein sozialistisches Land, als das Wettrüsten und der Militarismus schon hervorgingen aus diesem Konkurrenzkampf der großen kapitalistischen Staaten und Länder um die Verteilung und Beherrschung der Welt.

Ansonsten waren sie auf eine bestimmte Form des autoritären Staates nicht festgelegt. Da wurde auch experimentiert, da wurde auch überlegt, was wohl das Effektivste und Beste in dieser Situation sei. Die Herrschenden waren nicht auf den Typ Hitler-Diktatur oder Nazi-Diktatur festgelegt. Sie haben über ein Präsidialregime experimentiert. Sie haben das Konzept einer Militärdiktatur geprüft. Das hat sich dann alles als nicht hinreichend effektiv erwiesen. So ist man zur Konzeption übergegangen, der Nazipartei die Macht zu übertragen. Es ist wichtig, sich ins Bewußtsein zu rufen, daß die Herrschenden nicht etwa direkt und unmittelbar auf dieses Konzept einer faschistischen Diktatur festgelegt waren.

Daß sie dann die politische Macht an die Nazipartei übertragen haben und an deren Führer, das hatte natürlich schon seine Gründe: Das hing damit zusammen, daß diese Nazi-Bewegung erstens in den beiden Hauptzielen genau das vertreten und proklamiert hatte, was die herrschenden Kräfte auch wollten, nämlich Zerschlagung der Arbeiterbewegung, Ausrottung des Marxismus, Abschaffung der Demokratie, Ersetzung durch den autoritären Staat nach innen sowie Rüstungs- und Expansionspolitik nach außen. Das waren ja auch die Hauptprogrammpunkte der Nazipartei. Insofern war mit Hitler natürlich ein Bündnis möglich. Aber zweitens – und das war für diese Überlegungen dann ausschlaggebend – hatte sich diese Nazipartei als fähig erwiesen, für eine solche Konzeption Millionenmassen zu mobilisieren und zu gewinnen. Das konnte das Militär von sich aus nicht, das konnte die Großindustrie von sich aus auch nicht. Hier hat sich die Nazipartei in deren Augen als besonders fähig erwiesen. Das ist dann der Grund gewesen, weshalb man Hitler gewählt hat. Die Militärs hatten noch Ende November 1932 überlegt, ob es nicht doch sicherer und besser wäre, eine Militärdiktatur zu errichten. Sie kamen aber zu dem Ergebnis, das gehe nicht, sie seien nicht stark genug in der Bevölkerung verankert. Sie hatten Angst, durch einen Generalstreik umgepustet zu werden, wie das die Erfahrungen mit dem Kapp-Putsch 1920 ja gezeigt haben.

Die Nazipartei hatte es in der Tat, wenn man so will, hervorragend vermocht, die in der Krise entstandenen Ängste der Bevölkerung und ihren Drang nach einem Ausweg in diese Richtung zu lenken und zu kanalisieren, was natürlich auch nur deshalb möglich war, weil für diese Ideologien in Deutschland der Boden schon seit Jahrzehnten bereitet worden war. Und weil die Staatsorgane alles getan hatten, um den Aufstieg und auch die gewaltsamen Kampfmethoden der Nazipartei zu tolerieren und damit abzusichern.

Die Arbeiterbewegung hat es andererseits nicht vermocht, der historischen Notwendigkeit gerecht zu werden. Man muß also wohl in aller Eindeutigkeit sagen, daß sie in dieser historischen Lage versagt hat. Die Arbeiterbewegung war die einzige soziale Kraft, die imstande gewesen wäre, den Aufstieg und den Sieg des Faschismus zu verhindern, im Bündnis mit anderen demokratischen Kräften. Warum hat sie es nicht vermocht, was hätte denn an Notwendigkeiten in dieser Situation angestanden?

Erstens wäre es nötig gewesen, in dieser Situation den vielen Millionen von Menchen, die durch die Krise getroffen, ins Elend gestürzt, verunsichert waren, einen Ausweg zu zeigen, d.h., die Ursachen deutlich zu machen, die sie ins Elend geführt hatten, und dann den Ausweg zu zeigen. Und sich selber gegenüber diesen suchenden Massen als eine Kraft zu präsentieren: die Arbeiterbewegung, die imstande und entschlossen war, diesen Ausweg auch wirklich zu erkämpfen. Dazu war die Arbeiterbewegung nicht imstande.

Die neue Bedingung 1929

Man kann schon sagen, daß eigentlich alle Teilorganisationen der Arbeiterbewegung, sowohl die Kommunisten wie die Sozialdemokraten wie die kleineren sozialistischen Gruppen wie auch die Gewerkschaften ihrerseits die Gefahr hatten kommen sehen. Sie versuchten, in diese Richtung zu gehen, aber sie haben es nicht vermocht. Sie haben es primär deshalb nicht vermocht, weil die wechselseitigen Abgrenzungsbedürfnisse, die Antipathien, die sich herausgebildet hatten in all den Kämpfen seit der Novemberrevolution von 1918/19 zwar vorübergehend immer wieder mal überbrückt werden konnten, zum Beispiel in großen gemeinsamen Aktionen wie dem Generalstreik gegen den Kapp-Putsch oder zur Fürstenenteignung. Aber in der Krise nach 1929 haben sie eben doch ein gemeinsames Handeln verhindert. Die Arbeiterbewegung – das gilt insbesondere für die Sozialdemokratie und die Gewerkschaften – war nicht in der Lage und teilweise auch von der Führung her nicht bereit, das

Problem kapitalistische Krise offensiv anzupacken: Die strukturellen im Kapitalismus wurzelnden Ursachen der Krise offenzulegen und dann eben einen offensiven Kampf gegen die faschistische Gefahr wie auch gegen das System zu führen.

Das zu den allgemeinen Bedingungen. In einigen Ländern haben diese Tendenzen dann dazu geführt, daß autoritäre Staatsformen entweder verteidigt worden sind oder später wieder hergestellt wurden. Dazu kann man in aller Schlichtheit an die historische Erfahrung erinnern, daß für diese herrschenden Kräfte die Frage der Staatsform natürlich keine Frage der Weltanschauung ist, sondern eine praktische Frage. Für welche Staatsform diese Kräfte votieren, ob für Parlamentarismus oder für Faschismus, für Demokratie oder Diktatur, das hängt für sie natürlich nicht von weltanschaulichen Überzeugungen ab, sondern von den praktischen Gegebenheiten, von welcher Staatsform sie sich in der konkreten Lage bessere Chancen versprechen, ihre Interessen durchzusetzen. Und deshalb kann es durchaus geschehen – und ist in der Weimarer Republik geschehen, in vielen anderen Ländern auch –, daß diese Kräfte eine Zeitlang durchaus überwiegend für die parlamentarische Demokratie votierten. Unter veränderten Bedingungen aber, nämlich unter Krisenbedingungen, kamen sie dann zu dem Ergebnis, die Demokratie sei eine lästige, geradezu schädliche Staatsform. Sie müsse deshalb durch ein autoritäres System ersetzt werden.

Und diese Situation war eben 1929 mit dem Übergang zur Krise, der großen Weltwirtschaftskrise, eingetreten. Es war nur äußerlicher Anschein, daß unter den Bedingungen der wirtschaftlichen Konjunktur die parlamentarische Demokratie in Deutschland sich als stabil darstellte. Sie war es real nicht, weil diese Kräfte über die Schalthebel der politischen Macht verfügten, auch in der parlamentarischen Demokratie. Sie verfügten über diese Schalthebel sowohl in der Justiz wie im Militär, in der Ökonomie wie auch auf dem ideologischen Sektor, also Film, Zeitungen, beginnender Rundfunk, Universitäten.

Wir müssen noch eine kurze Überlegung darauf verwenden, wie es denn kommt, daß solche Kräfte nach allen historischen Erfahrungen dann, wenn eine ökonomische Krise kommt, die Tendenz haben, sich von der Demokratie abzuwenden und für eine autoritäre Staatsform zu votieren. Das hängt damit zusammen, daß in der Krise gewaltige volkswirtschaftliche Verluste und Defizite entstehen. Wenn Millionen von Menschen daran gehindert werden zu arbeiten, sind das riesige volkswirtschaftliche Defizite. Wenn ein Teil der Produktionsanlagen brachgelegt wird, obwohl sie produzieren könnten, entstehen daraus riesige volkswirtschaftliche Verluste. Und es entsteht die Frage, wem denn diese Verluste und Defizite aufgebürdet werden sollen. Seit es Kapitalismus gibt, gibt es Krisen – und es wird sie geben, solange es Kapitalismus gibt. Seit es Krisen gibt, votiert in dieser Situation natürlich die Privatwirtschaft notwendigerweise aus ihrer Interessenlage heraus dafür, daß die Lasten und die Kosten der Krise der arbeitenden Bevölkerung auferlegt werden. Wem denn sonst? Denn es sollen ja aus ihrer Sicht, es müssen aus ihrer Sicht die Gewinne erhalten bleiben, wenn möglich gesteigert werden, es müssen die Investitionskraft und die Expansionskraft des Privatkapitals gesichert werden, und zwar im nationalen Maßstab wie im internationalen Maßstab. Das ist für das Kapital ein Zwang. Das hat nichts mit moralischen Qualifikationen zu tun, das ist ein Zwang für sie, wenn sie nicht selber in dem härter gewordenen Konkurrenzkampf auf der Strecke bleiben wollen.

Das sind also die Bedingungen. Und das bedeutet dann eben, daß gegenüber den Arbeitern und Angestellten massive Versuche unternommen werden, die Löhne und generell die Kosten zu senken, d.h. auch die Sozialleistungen zu senken. Das bedeutet, daß auch die Sozialleistungen etwa bei Arbeitslosen gesenkt werden. All dies ist geschehen in der Krise, all dies geschieht übrigens gegenwärtig wieder. Das bedeutet, daß man auch versuchen muß, gegenüber den Rentnern zu sparen, gegenüber den Kranken zu sparen, gegenüber den Jugendlichen zu sparen, um die Expansion des Privatkapitals auch in der Krise zu sichern.

Fehler und Notwendiges

Es fragt sich natürlich, wie das durchsetzbar ist. Wie kann diese um ihre Lebens-und Zukunftsinteressen geschädigte Bevölkerung davon abgehalten werden, sich gegen diesen Kurs zur Wehr zu setzen? Es müssen also solche Bedingungen geschaffen werden, die gewährleisten, daß diese betroffene Bevölkerung sich nicht aktiv und passiv und wirksam zur Wehr setzt. Und aus dieser Situation heraus entsteht dann sowohl das Bedürfnis, demokratische Rechte abzubauen, die Staatsform in Richtung auf ein autoritäres System hin zu verändern. Es werden Ideologien verstärkt in die Massen getragen, die ihnen den Gedanken nahelegen, der autoritäre Staat, der Führerstaat, die militärische Stärke – das sei eigentlich auch die Lösung für ihre Probleme. Beides geschah nach 1929. Seit 1929/30 bestand in den herrschenden Kräften Deutschlands keine Meinungsverschiedenheit mehr in der Frage daß die Demokratie weg müsse und durch eine effektivere autoritäre Staatsform ersetzt werden müsse.

Es sind dabei auf beiden Seiten, Sozialdemokraten und Kommunisten, ganz erhebliche Fehler gemacht worden. Es führt heute zu nichts, wenn man versucht, wechselseitig aufzurechnen, wer die größeren Fehler gemacht hat. Es genügt darauf hinzuweisen, daß beide Seiten gravierende Fehler gemacht haben, diese Fehler zu benennen und daraus Schlußfolgerungen zu ziehen, jede Seite für sich, um aus diesen Fehlern etwas zu lernen. Wenn dann jede Seite für sich die entsprechenden Folgerungen zieht, dann ist der Streit eigentlich überflüssig. Im Gegenteil: Der Streit darüber, wer die größeren Fehler gemacht hat, kann nur dazu beitragen, daß sich auch in der heutigen Situation die Gemeinsamkeiten des Kampfes all derer, die von Krise und Gefahr von Rechts betroffen sind, womöglich wieder nicht durchsetzen.

Deshalb nur ein paar wenige Stichworte. Bei den Kommunisten lag das Problem darin, daß sie die Weltwirtschaftskrise verstanden haben als eine Situation, die einen offensiven Kampf gegen den Kapitalismus direkt ermöglicht. Sie faßten dabei die Sozialdemokratie als ein Hindernis in diesem Kampf auf, weil diese die Arbeiter in reformistischen Illusionen befangen halte. Daraus zogen sie die Schlußfolgerung, daß deshalb der Kampf auch und gerade gegen die Sozialdemokratie geführt werden müsse.

Die Sozialdemokraten andererseits waren seit längerer Zeit aus historischen Gründen, die jetzt nicht ausgebreitet werden können, sehr stark auf ein Demokratiemodell fixiert, das darauf hinauslief, die wesentlichen Entscheidungen hätten im Parlament zu fallen, die Massen sollten nur für Wahlkämpfe mobilisiert werden dürfen. Bei allen übrigen seien direkte Massenaktivitäten eher schädlich, eher störend für die parlamentarischen Koalitionsverhandlungen. Damit aber beraubt man die Arbeiterbewegung eben der Waffe, die im Ernstfall die einzig wirksame ist. Aus diesem Demokratiekonzept heraus entstand der Drang, zur Mitte hin koalitionsfähig zu bleiben, um mehrheitsfähig werden zu können. Das bedeutet natürlich, daß in dem Maße, wie die Mitte nach rechts geht, wie die bürgerlichen Parteien nach rechts gehen, man versuchen muß, da Anschluß zu halten, um koalitionsfähig zu bleiben. Also entwickelte man sich auch ein Stück nach rechts und hatte dabei permanent das Bedürfnis, sich nach links abzugrenzen, um koalitionsfähig zu bleiben.

Man sieht also, daß von beiden Seiten her Hindernisse errichtet worden waren, die eine gemeinsame Front gegen den Faschismus blockierten. Erst als dann Sozialdemokraten, Kommunisten und Gewerkschafter gemeinsam vom faschistischen Terror getroffen wurden, gemeinsam in den Zuchthäusern und Konzentrationslagern saßen, erst dann ist ihnen klar geworden, daß sie eigentlich vorher gemeinsam hätten zusammenstehen müssen. Da war es allerdings zu spät. Die internationale Arbeiterbewegung hat daraus dann Folgerungen gezogen. Der Versuch der Machtergreifung des Faschismus in Frankreich im Frühjahr 1934 ist durch eine gemeinsame Aktion der Arbeiterbewegung zurückgeschlagen worden. Wenn man sich anschaut, welcher Grundgedanke der antifaschistischen Bewegung in Europa zugrundeliegt, ob in den Partisanenbewegungen von Griechenland oder Italien, von Frankreich oder Jugoslawien oder wo auch immer: Gegen die faschistische Herrschaft in Europa, gegenüber der Gefahr des Faschismus müssen weltanschauliche und politische Unterschiede zurückgestellt werden, muß man gemeinsam kämpfen.

Die Erfahrungen sind also durchaus gezogen und nach 1945 auch niedergelegt worden: Vom Buchenwalder Manifest bis zu den Parteiprogrammen damals aller Parteien bis hin zur CDU. Diese ganze Generation, die aus den Zuchthäusern kam, aus der Emigration, aus den Konzentrationslagern, aus dem Krieg, hat wesentlichen Einfluß auf die Formulierung der Parteiprogramme genommen und auch noch auf die Formulierung der Länderverfassungen von Hessen, Bremen, Berlin usw.

Wenn man sieht, welche Folgerungen denn gezogen worden sind, so sind das in der Tat Programme, die heute noch höchste Aktualität beanspruchen können. Sie arbeiteten die Erfahrung auf, daß es nicht genügt, die Staatsform zu demokratisieren, sondern daß Demokratie als Lebensform auf die Dauer nur gesichert werden kann, wenn auch ökonomische Macht demokratischer Kontrolle unterworfen wird. Deshalb findet man in all diesen Parteiprogrammen und in all diesen Länderverfassungen weitreichende Sozialisierungsansprüche. Daß es auch nicht genügt, die Staatsform zu demokratisieren, sondern daß es darauf ankommt, an die Schalthebel der Macht dann auch solche gesellschaftliche Gruppen zu setzen, die eben nicht aus der faschistischen oder aus der militärischen Vergangenheit kommen, sondern die zuverlässige Demokraten und Antifaschisten sind, und daß es notwendig ist, faschistische Aktivitäten und Propaganda von vornherein schon in den Anfängen zu unterbinden.

Dies alles ist also niedergelegt worden. Das Internationale Militärtribunal hat entsprechende Urteile gefällt. Es hat bezeichnenderweise nicht nur die Führer der faschistischen Partei angeklagt, sondern auch die Führer der Großindustrie und die Führer des deutschen Militärs. Das Tribunal hatte schon einen Begriff davon und nicht nur einen Begriff, sondern 100000 Dokumente dazu, daß Faschismus und Krieg von der Führungsschicht der faschistischen Partei und von den Führungsgruppen aus Industrie, Banken und Militär gemeinsam geplant und durchgesetzt worden waren.

Diese antifaschistischen Prgramme sind aus Gründen gescheitert, die auch mit weltpolitischen Konstellationen zu tun haben: Zerfall der Anti-Hitler-Koalition. Ausbruch des kalten Krieges und der dann in den Westzonen mögliche Restaurationsprozeß. Wiederhergestellt worden ist nicht nur die alte kapitalistische Gesellschaftsordnung mit ihren Eigentums- und Machtverhältnissen, sondern auch die Führungspositionen der alten Führungsschichten aus der Zeit des Dritten Reiches von Justiz bis Militär, von Geheimdienst bis Universität, von Verwaltung bis zum Erziehungswesen. Gescheitert ist das Programm, aber es ist weiterhin von höchster Aktualität.

Suche nach dem Ausweg

Die gegenwärtige Situation ist zunächst einmal durch das gekennzeichnet, was wir nach 1929 im kapitalistischen Weltsystem erlebt haben. Der Kapitalismus als Weltsystem ist wieder in einer schweren Krise. Es ist dies in der Tat die schwerste und am längsten anhaltende seit der großen Weltwirtschaftskrise von 1929 bis 1932 mit mittlerweile 25 Millionen Arbeitslosen und all den sozialen Effekten, die wir ja aus dem Alltagsleben kennen. Und wie immer in einer solchen Situation ergibt sich daraus für die Privatwirtschaft die absolute Notwendigkeit, nun alle Machtmittel einzusetzen, um die Lasten der Krise wieder der arbeitenden und der auf Sozialleistungen angewiesenen Bevölkerung aufzuerlegen, um eben die Expansionskraft des Privatkapitals zu erhalten. Sowohl in Konkurrenz der Einzelunternehmer wie auch in Konkurrenz der nationalen Kapitale gegeneinander auf dem Weltmarkt. Also müssen Kosten gesenkt werden, um die Konkurrenzkraft zu erhöhen. So steht das auch wörtlich in den Wirtschaftsteilen der großen Zeitungen, und so sagen das auch die zuständigen Minister.

Was heißt das, die Kosten müssen gesenkt werden? Es ist exakt das, was man gegenwärtig in allen kapitalistischen Ländern auch als soziale Tendenz verfolgen kann, von den USA bis Schweden, von England bis zur Türkei und von der Bundesrepublik bis Italien: Überall massivste Versuche, die Löhne und Gehälter stagnieren zu lassen oder zu senken, und die Ausgaben für Sozialleistungen massiv zusammenzustreichen, auf breitester Front.

Das bedeutet in ihren Augen zugleich – ebenfalls wie nach 1929 –, daß die betroffene Bevölkerung sich dagegen nicht effektiv zur Wehr setzt. Also erneut Konzepte und Bemühungen, um das politische Instrumentarium so zu verändern, daß die demokratischen Entfaltungsmöglichkeiten der betroffenen Bevölkerung eingeschränkt werden, um es einmal ganz dezent zu sagen. Zum Beispiel Abbau demokratischer Rechte in vielfältiger Weise bis hin zu den Berufsverboten, massive Versuche, die Gewerkschaften zu disziplinieren. Insgesamt ist das die Bemühung, die Staatsform an autoritäre Herrschaftsformen anzunähern.

Das ist die eine Seite der Sache. Zugleich aber sucht die betroffene Bevölkerung, wenn sie jahrelang von einer solchen Krise heimgesucht wird, nach einem Ausweg. Sie wird ja ihrer sozialen Grundlagen beraubt oder gerät jedenfalls in Angst, dieser Grundlagen beraubt zu werden, verliert die Hoffnung in die Zukunft, ist tief verunsichert. In einer solchen Situation besteht natürlich für die herrschenden Kräfte die Gefahr, daß sich die Suche nach einem Ausweg womöglich nach links wendet, um es einmal ganz knapp zu sagen. Also muß nicht nur gewährleistet werden, daß durch dieses politische Instrumentarium solche Kräfte, die nach links drängen, an der Entfaltung gehindert werden, sondern es muß zugleich ein attraktives Modell angeboten werden, von dem man behauptet, dies sei der Ausweg.

Deshalb können wir gegenwärtig in allen kapitalistischen Ländern, natürlich je nach den politischen Kräfteverhältnissen in unterschiedlichen Formen und Extensionen, aber im Prinzip doch überall etwas feststellen, was man vielleicht zusammenfassend eine gesteigerte ideologische Aggressivität nennen könnte. Damit meine ich Verschiedenes, z. B. gesteigerte ideologische Aggressivität nach innen, nämlich die Diffamierung solcher nach links drängenden Kräfte als Agenten Moskaus, als Staatsfeinde, als Verfassungsfeinde usw. Ideologische Aggressivität nach innen bedeutet aber auch, daß Sündenböcke angeboten werden, von denen man behauptet, das seien die Schuldigen, damit die wirklich Schuldigen eben nicht ans Licht kommen. Ich erinnere, daß die Kampagne gegen die Juden seit 1929/30 natürlich u. a. diese Funktion hatte. Sündenböcke also, von denen man gesagt hat, dies seien die Schuldigen, gegen die müßt ihr losgehen; wenn die aus dem deutschen Volkskörper eliminiert sind, dann wird es allen Deutschen gut gehen.

Statt der Juden Ausländer

Die Juden sind es diesmal nicht, aber die wachsende Kampagne und Aggressivität gegen ausländische Arbeiter, die ja auch von höheren Stellen durchaus zugelassen und geschürt wird, oder in den Vereinigten Staaten gegen die Farbigen haben exakt diese Funktion.

Zur gesteigerten ideologischen Aggressivität nach innen gehört auch die Glorifizierung des starken Staates, des handlungsfähigen Staates, des militärisch gerüsteten Staates, als eigentlicher Ausweg. Nur wenn wir stark und gerüstet sind, und nur, wenn wir auch eine nach innen hin zum Durchgreifen befähigte Staatsgewalt haben, werden wir die großen Probleme der Gegenwart und der Zukunft meistern können. Das ist sozusagen auf einen Nenner gebracht diese These.

Ideologische Aggressivität gibt es aber zugleich auch nach außen. Die Hoffnungen, die die riesige Mehrheit in unserer Bevölkerung auf die Entspannungspolitik, auf die Friedenspolitik gesetzt hat, werden nun in dieser neuen Situation abgebaut. Das Feindbild aus der Zeit des kalten Krieges wird wieder klarer ins Bewußtsein gerückt, denn diese Kräfte wissen, daß sie auf ein Klima internationaler Spannung und Feindseligkeit angewiesen sind. Nur in diesem Klima können sie gedeihen. Ein Klima der internationalen Verständigung und Freundschaft würde ihnen auf die Dauer den Boden unter den Füßen wegziehen. Deshalb also auch die Verschärfung der internationalen Situation.

In dieser Situation, das möchte ich nur mal am Rande sagen, ist es überhaupt nicht verwunderlich, daß sich Altfaschisten wie auch Neufaschisten wieder ermutigt fühlen. Sie haben das Gefühl, ihre Stunde sei wieder gekommen, sie würden wieder gebraucht, denn das haben sie ja schon immer gesagt, daß man mit dem Feind von links und mit den Entspannungsillusionen aufräumen müsse. Aus der Sicht von nach rechts drängenden Kräften können solche neonazistischen Kräfte durchaus nützlich sein. Sie sind geeignet, ideologisch und politisch den Boden mit bereiten zu helfen, auf dem dann ein Marsch nach rechts möglich sein könnte.

Nun ist aus weltpolitischen Gründen in den letzten Jahren da noch eine Sache dazugekommen. Wir müssen sie uns gesondert ins Bewußtsein heben, weil sie als eine eigenständige Kraft wirkt, zwar in gleicher Richtung, ebenfalls nach rechts, aber eben doch als eigenständige Kraft, die nicht direkt etwas mit der kapitalistischen Wirtschaftskrise zu tun hat. Ich meine damit jenen weltpolitischen Prozeß in den siebziger Jahren, der als Zusammenbruch kolonialer und imperialistischer Machtpositionen im Bereich der Entwicklungsländer ein massives, rapides Tempo erreicht hat. Dieser Prozeß hatte ja schon nach dem 1. Weltkrieg angefangen, hatte sich nach 1945 beschleunigt. Aber in den siebziger Jahren brechen die weltpolitischen Positionen, Machtpositionen des Imperialismus und des Kolonialismus auf breitester Front und in rasendem Tempo zusammen. Ich erinnere nur einmal an die wichtigsten Stationen, damit man sich das vor Augen führt: von Vietnam bis Laos und Kambodscha, Angola, Mozambique, Nicaragua, Äthiopien, der Iran usw.

Die Konsequenz ist einfach die, daß diese riesigen Ländereien mit ihren Bodenschätzen und Arbeitskräften, die ein Jahrhundert als Ausplünderungsobjekte zur Verfügung standen, jetzt den kapitalistischen Ländern nicht mehr zur Verfügung stehen.

Aber es geht ja nicht nur um Probleme der Gegenwart, sondern auch um die Perspektive. Die strategiebildenden Kräfte in den USA und in den anderen großkapitalistischen Ländern müssen sich natürlich fragen, wohin das denn gehen soll? Wie soll denn das weitergehen, wenn es nicht gelingt, diesem Prozeß Einhalt zu gebieten? Wie lange wird es noch halten in Südafrika, in Namibia, in Chile, in El Salvador, in der Türkei, in Pakistan, wo überall nur noch mit Mitteln von äußerster Repression, also für einige Zeit, die Lage stabilisiert werden kann. In Latein- und Mittelamerika gibt es ja in der Tat beinahe nur noch Militärdiktaturen.

Spielräume zum Handeln?

Vor dieser Situation also steht der Kapitalismus als Weltsystem. Daraus entwickelte er als Antwort, was wir seither die neue Globalstrategie der USA nennen. Sie hat ganz grob gesagt zwei Ziele: Erstens solche Bedingungen schaffen, daß man gegen die nationalen Befreiungsbewegungen in all diesen Ländern endlich wieder in aller Resolutheit vorgehen kann. Und zweitens, als Flankenschutz sozusagen, gegenüber den sozialistischen Ländern die Erlangung eines entscheidenden militärischen Übergewichts. Das letztere ist deshalb nötig, weil sonst das Durchgreifen gegenüber den nationalen Befreiungsbewegungen behindert ist. Und jetzt komme ich zu den Konsequenzen. Diese neue Globalstrategie ist nämlich nur realisierbar, wenn gigantische ökonomische Ressourcen freigemacht werden für das Rüstungsprogramm. Und daneben noch für die Stabilisierung der Militärdiktaturen, über die Türkei bis Pakistan, bis Südkorea, denn das kostet einen Haufen Geld. Und die Bundesrepublik hat ja auch schon ganz schön gezahlt, um die Sache in der Türkei und in Pakistan wirklich zu stabilisieren...

Und das hat genau dieselbe Konsequenz... daß den Arbeitern und Angestellten enorme Opfer auferlegt werden. Und das ist ein Langzeit-Programm, da sind wir erst am Anfang! Jeder „Tornado“ kostet 100 Millionen Mark, aber es sollen ja jährlich davon über längere Zeit je 60 angeschafft werden. Und da muß eben auch massiv gespart werden, bei den Rentnern und den Kranken. Und dann ist eben kein Geld da, um für die Arbeitslosen Arbeitsplätze zu schaffen, um Lehrstellen für die Lehrlinge zu schaffen, um Sozialwohnungen zu bauen, um der jungen Generation die Ausbildung zu gewährleisten.

In dieser Situation nun versuchen also die herrschenden Kräfte, die entsprechenden politischen Konsequenzen zu ziehen. Und in der Bundesrepublik hat die resoluteste Konsequenz daraus gezogen jene politische Kraft, die vor zweieinhalb Jahren F. J. Strauß zum Kanzlerkandidaten nominiert hat...

Das ist nun durch das Votum der Bevölkerung abgewehrt worden. Aber wie die Erfahrung zeigt, ist der Druck dieser Kräfte auf die sozialliberalen Regierungen und Parteien hinreichend stark, um wesentliche Elemente dieser Konzeption nun eben doch in Regierungspolitik umzusetzen. Das ist die Lage.

In dieser Lage haben die Gewerkschaften eine große, eine riesige Verantwortung. Sie müssen die historischen Erfahrungen aufarbeiten, die damals zu ihrer Niederlage geführt haben. Und sie müssen die gegenwärtigen Erfahrungen aufarbeiten. Und sie dürfen sich dabei keinen Sand in die Augen streuen lassen.

Erklärung von Abkürzungen und Begriffen

ADGB – Allgemeiner Deutscher Gewerkschaftsbund. Sozialdemokratische Gewerkschaft in der Weimarer Republik. Größte Gewerkschaftsorganisation vor 1933.

AfA-Bund – Allgemeiner freier Angestelltenbund. Organisation für die Angestellten, entsprechend dem ADGB.

Antifaschistische Aktion – überparteiliche Massenbewegung, die die KPD 1931 zur Abwehr des Faschismus ins Leben rief.

Antifaschistischer Kampfbund – Wehrorganisation, die mit der KPD verbunden war. Wurde nach dem Verbot des Roten Frontkämpferbundes (siehe dort) gegründet.

Eiserne Front – In den dreißiger Jahren durch die SPD gegründete Zusammenfassung von nichtkommunistischen Antifaschisten. In der Eisernen Front waren vor allem das Reichsbanner (siehe unten) und die Gewerkschaften vertreten. Die Eiserne Front sollte den Drang der Massen zum Kampf gegen Hitler auffangen und sie gleichzeitig von einem Bündnis mit den Kommunisten abhalten. Die Eiserne Front wurde nie zum Kampf eingesetzt. Sie wurde im März 1933 verboten.

Reichsbanner – Wehrorganisation der SPD und einiger bürgerlicher demokratischer Parteien und Gruppierungen. In den zwanziger Jahren gegründet. Wurde später Teil der Eisernen Front.

Revolutionäre Gewerkschafts-Opposition (RGO) – Ende der zwanziger Jahre mit Unterstützung durch die KPD geschaffen, um die oppositionellen Arbeiter innerhalb des ADGB (siehe oben) zusammenzufassen, und für Wiederaufnahme der aus dem ADGB Ausgeschlossenen zu kämpfen. Anfang der dreißiger Jahre setzten sich Tendenzen durch, aus der RGO eine Revolutionäre Gewerkschafts-Organisation zu schaffen, d. h. eine weitere Richtungsgewerkschaft neben dem sozialdemokratischen ADGB, den christlichen Gewerkschaften und anderen Gewerkschaftsorganisationen. Diese Tendenz wurde später als schädlich und falsch erkannt und verurteilt.

Roter Frontkämpfer-Bund (RFB) – antifaschistische Wehrorganisation, Führer war der KPD-Vorsitzende Ernst Thälmann. Der RFB wurde 1929 auf Veranlassung des Reichsinnenministers Severing im gesamten Reichsgebiet verboten.

Stahlhelm – reaktionäre Wehrorganisation, die nach dem 1. Weltkrieg von kaiserlichen Offizieren gegründet wurde. Die Gründung wurde von dem damaligen Reichswehrminister Noske (SPD) genehmigt, um eine zusätzliche Kampftruppe gegen die revolutionäre Arbeiterschaft zu schaffen. In der „Harzburger Front“ verbündete sich der Stahlhelm 1931 mit Hitler. Er wurde 1933 in die SA eingegliedert.

Reichskonkordat – Staatsvertrag des Vatikans mit der Hitlerregierung. Es war der erste außenpolitische Vertrag, den Hitler nach Amtsantritt abschließen konnte; dies trug wesentlich dazu bei, daß das faschistische Regime international als Realität anerkannt wurde.

Staatspartei – bürgerliche Partei, die 1931 aus dem Zusammenschluß der bisherigen „Deutschen Demokratischen Partei“ mit dem reaktionären „Jungdeutschen Orden“ entstand.

Unabhängige Sozialdemokratische Partei (USPD) – 1916 aus linksstehenden Gruppierungen der SPD entstanden. 1920 vereinigte sich ihr linker Flügel mit der KPD. Der Rest ging 1922 in die SPD zurück.

Literaturverzeichnis

Anpassung oder Widerstand – Aus den Akten des Parteivorstandes der Deutschen Sozialdemokratie 1932/1933, Bonn 1975.

G. Beier, **Das Lehrstück vom 1. und 2. Mai 1933,** Köln 1975.

L. Bies, **Klassenkampf an der Saar,** Frankfurt/M. 1978.

O. Bracher, **Die Auflösung der Weimarer Republik,** Stuttgart und Düsseldorf 1957.

Otto Braun, **Von Weimar zu Hitler,** Hamburg 1949.

Heinz Brüdigam, **Das Jahr 1933,** Frankfurt 1978.

Heinrich Brüning, **Memoiren 1918/1934,** Stuttgart 1970.

Buchenwald - Mahnung und Verpflichtung, Frankfurt/M. und Berlin 1961.

Otto Buchwitz, **50 Jahre Funktionär der Deutschen Arbeiterbewegung,** Stuttgart, 1949.

Chronik zur Geschichte der Deutschen Arbeiterbewegung, Teil II (von 1917–1945), Berlin, 1966.

E. Czichon, **Wer verhalf Hitler zur Macht?** Köln 1972.

Altmann/Brüdigam/Mausbach-Bromberger/Oppenheimer, **Der Deutsche antifaschistische Widerstand 1943–1945,** Frankfurt 1975.

Deutscher Geschichtskalender, Leipzig 1932.

Dokumente zur deutschen Geschichte, 1919–1923, Frankfurt 1977.

Dokumente zur deutschen Geschichte, 1929–1933, (ebenda)

Dokumente zur deutschen Geschichte, 1933–1935, (ebenda)

Dokumente zur deutschen Geschichte, 1942–1945, (ebenda)

druck und papier, Stuttgart, No. 25/26 1978.

Eyck: **Geschichte der Weimarer Republik,** Zürich und Stuttgart 1956.

Günter Gereke, **Ich war königlich-preußischer Landrat,** Berlin 1970.

Groener-Geyer, **General Gröner, Soldat und Staatsmann,** Frankfurt 1955.

Geschichte der Deutschen Arbeiterbewegung, Band 4 und 5, Dietz-Verlag, Berlin 1966.

Bärbel Hebel-Kunze, **SPD und Faschismus,** Frankfurt 1977.

U. Hochmuth, **Streiflichter aus dem Hamburger Widerstand,** Frankfurt/M., 1980.

Wilhelm Hoegner, **Flucht vor Hitler,** München 1977.

Reinhard Kühnl, **Der Deutsche Faschismus in Quellen und Dokumenten,** Köln 1975.

Klaus Mammach, **Die KPD und die deutsche antifaschistische Widerstandsbewegung,** Frankfurt 1974.

Preußen contra Reich, Protokoll des Verfahrens vor dem Staatsgerichtshof, Berlin 1933.

von Rabenau, **Seeckt, aus seinem Leben,** Leipzig 1940.

Carl Severing, **Mein Leben,** Köln 1950.

Max Seydewitz, **Es hat sich gelohnt zu leben,** Lebenserinnerungen eines alten Arbeiterfunktionärs, Berlin 1976.

E. Stadtler, **Als Antibolschewist 1918–1919,** Düsseldorf 1935.

Friedrich Stampfer, **Die ersten 14 Jahre der Deutschen Republik,** Offenbach 1947.

Ernst Thälmann, **Ausgewählte Reden und Schriften,** Frankfurt 1977.